I0153582

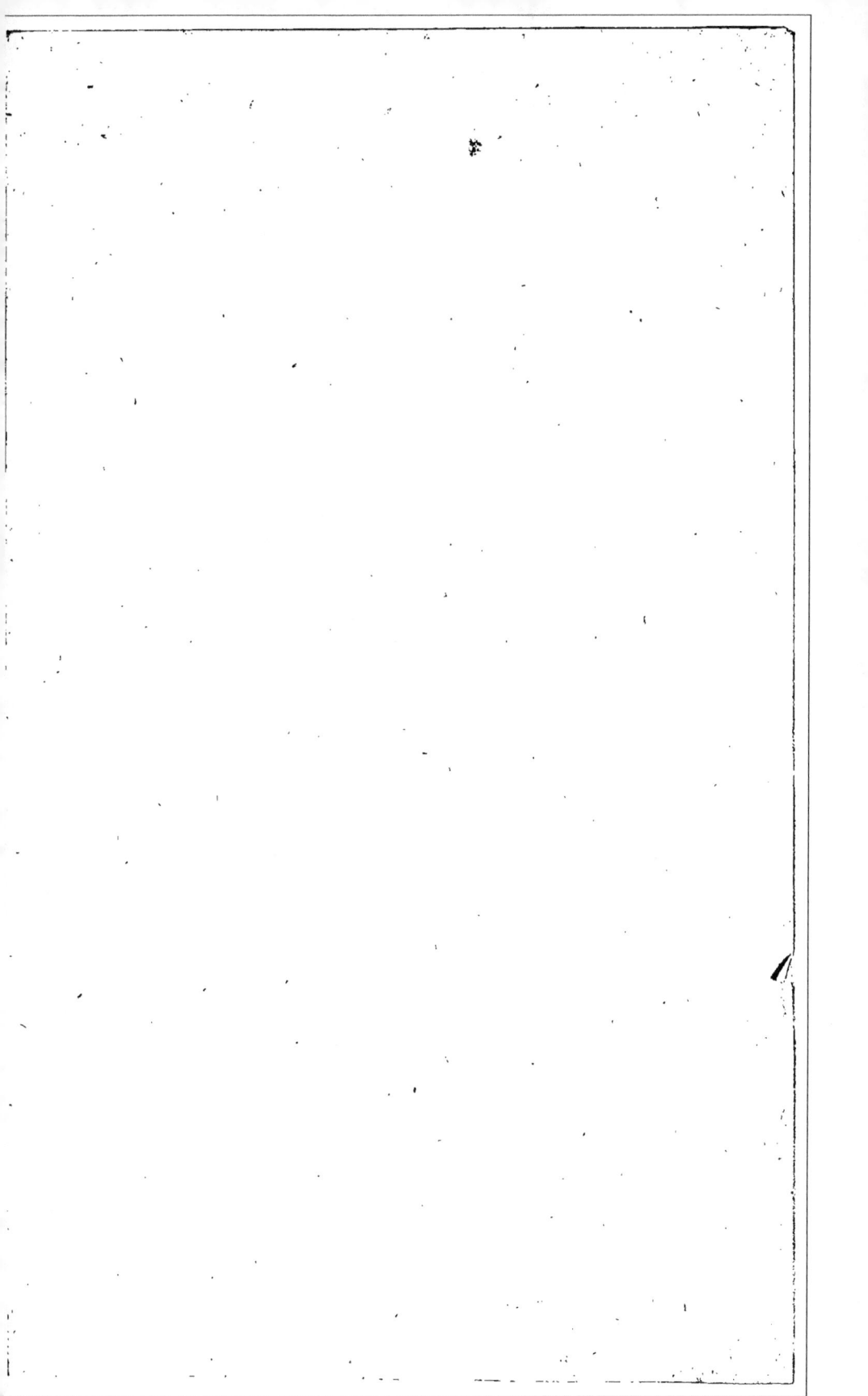

14

L K 66

A

PROCÈS-VERBAL

DE

L'ASSEMBLÉE GÉNÉRALE

DES

TROIS-ORDRES

DE LA PROVINCE

DE DAUPHINÉ,

TENUE A ROMANS,

PAR PERMISSION DU ROI.

A GRENOBLE,

De l'Imprimerie de J. M. CUCHET, Imprim. Libraire
de Mgr. le Duc D'ORLÉANS, & de NOSSEIGNEURS
des Trois-Ordres de la Province de Dauphiné.

M. DCC. LXXXVIII.

Lk 66
A

PROCÈS-VERBAL

De l'Assemblée générale des Trois-Ordres de la Province de Dauphiné, tenue en la ville de Romans, par Permission du Roi.

Du Mercredi dix Septembre mil sept cent quatre-vingt-huit, dans l'Eglise des Révérends Peres Cordeliers, à dix heures du matin.

Les Trois-Ordres se sont rendus en la ville de Romans le cinq Septembre ; étant formés par les personnes dont les noms sont ci-après, sans observation de rang ni de préséance dans chaque Ordre, soit entre les personnes, soit entre les différentes Villes, Bourgs & Communautés.

C L E R G É.

Monseigneur l'Archevêque de Vienne, Président,
Monseigneur l'Evêque de Grenoble.

MESSIEURS

L'Abbé de la Salcette, Procureur - fondé de M. l'Archevêque d'Embrun.

A 2

CLERGÉ.

MESSIEURS

L'Abbé Lagier de Vaugelas, Procureur-fondé de M. l'Evêque de Die.

L'Abbé du Puy des Saudrais, Procureur-fondé de M. l'Evêque de Gap.

L'Abbé Afforti, Procureur-fondé de M. l'Evêque de Saint Paul-Trois-Châteaux.

L'Abbé de Chantemerle, Procureur-fondé du Chapitre de Valence, le Siége vacant.

Commandeurs de Malthe.

MESSIEURS

Le Bailli de Laubepin.
Le Commandeur de Menon.
Le Commandeur de Rosans.
Le Commandeur de Rigaud.

Députés des Eglises Cathédrales.

MESSIEURS

L'Abbé de S. Albin. } *Chanoines de l'Eglise de*
L'Abbé Bernard.... } *Vienne.*

De Cressy........ } *Chanoines de l'Eglise d'Em-*
De Sieyes........ } *brun.*

CLERGÉ.

MESSIEURS

Barthelemy · · · · · · · } *Chanoines de l'Eglise de*
Anglès · · · · · · · · · · } *Grenoble.*

L'Abbé de S. Pierre · } *Chanoines de l'Eglise de*
De Lalombardiere · } *Valence.*

Agnès · · · · · · · · · · } *Chanoines de l'Eglise de*
Lagier de Vaugelas · } *Die.*

De S. Genis · · · · · · } *Chanoines de l'Eglise de*
De Cazeneuve · · · · } *Gap.*

De Seillans · · · · · · } *Chanoines de l'Eglise de*
Girard · · · · · · · · · · } *S. Paul-Trois-Châteaux.*

Députés de Eglises Collégiales.

MESSIEURS

De Rachais · · · · · · { *Doyen des Comtes du Cha-*
{ *pitre de S. Pierre & S. Chef.*

De Laporte · · · · · · { *Chanoine & Comte du Cha-*
{ *pitre de S. Pierre & S. Chef.*

Brochier · · · · · · · } *Chanoines de S. André de*
De Légalieres · · · · } *Grenoble.*

Bouvier Desmarets · } *Chanoines de S. Bernard de*
Suel · · · · · · · · · · } *Romans.*

Borel · · · · · · · · · } *Chanoines de l'Eglise de*
Marcellin · · · · · · } *Crest.*

A 3

CLERGÉ.

MESSIEURS

De Courgeux $\cdots\cdots$ } *Chanoines de l'Eglise de*
De Veyrenc $\cdots\cdots$ }   *Montelimar.*

Députés des Diocèses.

MESSIEURS

Perronet $\cdots\cdots\cdots$ } *Du Diocèse de Vienne.*
Reymond $\cdots\cdots\cdots$ }

Rouy $\cdots\cdots\cdots$ } *Du Diocèse d'Embrun.*
Roux $\cdots\cdots\cdots$ }

Chabert $\cdots\cdots\cdots$ } *Du Diocèse de Grenoble.*
Hélie $\cdots\cdots\cdots$ }

Liorat $\cdots\cdots\cdots$ } *Du Diocèse de Valence.*
Sylve $\cdots\cdots\cdots$ }

David-Serene $\cdots\cdots$ } *Du Diocèse de Die.*
Brun $\cdots\cdots\cdots$ }

Escallier $\cdots\cdots\cdots$ } *Du Diocèse de Gap.*
Abonnel $\cdots\cdots\cdots$ }

Solier $\cdots\cdots\cdots$ { *Du Diocèse de Saint Paul-*
              Trois-Châteaux.

NOBLESSE.

Election de Grenoble.

MESSIEURS

Le Comte de Morges.
Le Chevalier du Bouchage.
Le Marquis de Baronat.
Le Comte de Bally.
Le Vicomte de Bardonenche.
Le Chevalier de Belle.
De Barbier.
Le Chevalier du Peloux.
Prunelle de Liere.
De Menon de Champfaur.
De la Valonne.
Garnier de Pelliffiere.
Du Villard.
De Chuzin.
De Girin.
Le Marquis de Langon.
De Portes d'Amblerieu.
Le Baron de Ponat.
Le Chevalier de Largentiere.
Le Baron de Vanterol.
Ofarrell.

A 4

NOBLESSE.

MESSIEURS

De la Valètte.

De Riviere.

Bourne.

Siboud de Saint-Ferriol.

De Roftaing.

De Bonniot.

D.s Herbeys.

Le Chevalier de Bonniot.

Le Comte d'Arces.

Le Marquis d'Arces.

Le Marquis de Pina de Saint-Didier.

De Lambert, Fils.

De Moulezin.

De Charency.

De Saint-Ours.

De Galbert.

Bofonier de Vomane.

De Vaujany.

De Voiffanc.

De Chalvet.

Le Vicomte de Chabons.

Dupuy-de-Bordes.

Ravier d'Herbelon.

De Bouffier de Cezarges.

NOBLESSE.

MESSIEURS

Le Chevalier de Pina.
Le Chevalier de Salvaing.
Le Chevalier de Porte.
De Savoye, *Lieutenant-Général de Police de la Ville de Grenoble.*
Le Chevalier de Bruno.
De Baratier.
De Longpra de Fiquet.

Election de Vienne.

MESSIEURS

Le Comte de Bectoz.
Jean de Richaud, pere.
Jean de Richaud, fils.
Louis de Richaud.
Louis de Bouillanne.
Joseph de Bouillanne.
Le Comte de Chabons.
Serro du Serf de Croze, *cadet.*
Moreau de Bonrepos.
De Chivallet de Chamond.
Albanel de Cessieux.
De Mépieu.

NOBLESSE.

MESSIEURS

Etienne de Richaud.

André de Richaud.

Le Comte de Chaponay.

Planelli, Marquis de Maubec.

Le Comte de Vallier.

Le Marquis de Corbeau.

De Veffilieu.

De Perret.

Le Chevalier de Moydieu.

Le Chevalier Alphonse de Dolomieu.

De Neyrieu de Domarin.

Le Chevalier de Rachais.

De Mo eres.

Le Vicomte de Leyffin.

Le Marquis de Loras.

Le Comte de Loras.

De Saint-Clair.

De Saint-Germain.

De Poifieux.

De Jonage.

Le Comte de Vallin.

Le Marquis de Boiffac.

Le Comte de Monts.

Le Vicomte de Vaulx.

NOBLESSE.

MESSIEURS

Le Comte de Melat.
Le Comte de Revol.
De Dijon.
Du Vivier-Solignac.

Election de Romans.

MESSIEURS

De Chaptal de Grand-Maison.
De Chaptal du Seillac.
Grand.
Grand de Château-Neuf.
Luzi de Peliffac.
Chaptal de la Mure.
De Rivole.
De Canel.
Dijon de Cumane.
Le Marquis de Chaftelard.
Le Chevalier de Pluvinel.
Le Vicomte de Chabrieres.
De Sibeud.
Le Vicomte de Tournon.
Le Chevalier de Murinais.
Du Perron.

NOBLESSE.

MESSIEURS

Le Marquis de Saint Vallier.
Le Marquis de Pifançon.
Le Chevalier de Pifançon.
Du Gardier de Robert.
De la Porte.
Le Baron de Gillier.
Le Marquis de la Roque.
Le Marquis de Beaufemblant.
De Moncharel.
Du Vivier de Lentiol.
De Delley d'Agier.
De Barletier.
De Lolle.
De Glaffon.

Election de Valence.

MESSIEURS

Le Chevalier de Vaugrand.
De Joffelin.
Desjaques.
D'Eurre.
Du Beffé.
De Barjac de Randon.

NOBLÉSSE.

MESSIEURS

Le Comte d'Urre.

De Gallier.

De Tardivon.

Cartier de la Sabliere.

Le Chevalier de la Roliere.

De Ravel.

Le Marquis de Veynes.

Le Marquis de la Roliere.

Le Marquis de Vefc de Beconne.

Le Chevalier de Roftaing-Chamferrier.

Le Marquis de la Roquette.

De Marquet.

Le Chevalier de Mont-Rond.

Le Chevalier de Mery.

Le Comte du Pont.

Du Colombier.

De Saint Laurent.

Blanc de Saint Laurent.

De Sucy.

Le Baron de Cofton.

De Barjac.

De Mazade.

NOBLESSE.

Election de Gap.

MESSIEURS

De Ventavon.
Jullien de Queyrel.
De Pons.
Le Marquis de la Vilette.
Taxis du Poët.
Le Marquis de Moléon.
Le Comte de Revigliafc de Veynes.

Election de Montelimart.

MESSIEURS

Le Marquis du Pilhon.
Jean de Richaud.   } de Quint.
Gabriel de Richaud.   }
Jean Pierre de Richaud des Bornes.
Le Baron de Planchette de Picgon.
Dupuy de la Marne.
Rigaud de Lille.
Le Marquis Dupuy-Montbrun.
Le Comte d'Allard.
De Calamand.
De Rouviere.

NOBLESSE.

MESSIEURS]

Le Chevalier de la Condamine.
Le Marquis Duclaux-Besignan.
Le Comte de Suze.
De Lacoste de Maucune.
Le Comte de Marsanne, fils.
Le Marquis de Blacons, pere.
Le Marquis de Blacons, fils.
Du Palais.
De Charens.
De Petity de Saint-Vincent.
Louis de Gilbert de Gensac.
Le Marquis de Léautaud de Montauban.
Le Marquis de Plan de Seyes.
Le Marquis de Clerc de la Deveze.
De Mornas.
Le Baron de Mont-Rond.
Le Marquis d'Athenolt.
Le Chevalier de la Deveze-Beaufort.
Amédée de Gillier.
De Chastelier.
Le Chevalier de la Deveze.
Des Aymars.

NOBLESSE.

Noms des Gentilshommes qui, étant survenus depuis l'ouverture de l'Assemblée, ont voté pour les absens, & de ceux qui ont donné pouvoir, par lettres ou par procurations, d'adhérer à ce qui sera décidé par l'Assemblée.

Election de Grenoble.

MESSIEURS

Le Chevalier de Murat.

Le Marquis de Marcieu.

Le Comte des Adrets.

Le Comte de Bardonenche.

Le Comte de Brizon.

Le Comte d'Herculais.

Jean-Baptiste de Bergerand.

Le Chevalier de Morges.

Du Vernei de Saint-Marcel.

Le Comte de Morard.

De Savoye, aîné.

De Pellafol, pere.

De Pellafol, fils.

Vial d'Alais.

Le Chevalier de Sayve.

De

NOBLESSE.

MESSIEURS

De Lamotte.

De Bruno de Saint-Sevenon.

Perrot-du-thaud.

Election de Vienne.

MESSIEURS

Le Marquis de Buffevent.

Le Baron de Vernas.

Le Comte de Revol, pere.

Le Comte de Revol, fils.

De Combles.

Joseph de Richaud.

Le Chevalier de Larnage.

Le Marquis de Leyssin.

Le Marquis de Serezin.

Le Chevalier de Boczozel-Montgontier.

De Vavre de Bonce.

De Meffrey de Cezarges.

Le Comte de Levis.

De Michallon.

Prunelle.

D'Evrard de Courtenay.

Le Comte de Mercy.

De Bovet.

Dangelin.

B

NOBLESSE.

MESSIEURS

Clapperon-de-Millieu.

De Puſignan.

Dalmas de Reottier.

De Fleury.

De Tournon de Bonnevallet.

De Gumin de Chatellard.

Serro du Serf de Croze, aîné.

Rigaud de Terre-Baſſe.

Le Chevalier de Moro.

Election de Romans.

MESSIEURS

Le Chevalier Alexandre de Piſançon.

Sigaud de Baronat.

Le Chevalier de Reynaud.

Le Marquis de Vachon.

Le Marquis de Murinais.

Le Comte de Murat-Murinais.

Election de Valence.

MESSIEURS

De Roſiere, fils.

De Revel.

Magnan.

NOBLESSE.

MESSIEURS

Jacques de Bouillanne.
Louis de Bouillanne.

Election de Gap.

MESSIEURS

De Saulcy.
Jean-Antoine de Queyrel.
André de Queyrel.
Joseph de Queyrel.
Jacques de Queyrel.
De Moydan.
Le Comte de Ruffo.
De Vitalis.

Election de Montelimart.

MESSIEURS

Le Marquis de Jovyac.
Le Marquis de Saint-Ferreol.
Le Marquis de la Garde.
Le Marquis de Moreton-Chabrillan.
Le Marquis de Lattier.
De Gontin.
Jean Claude de Richaud.
Jean-Pierre de Richaud.
Jean-Elie de Richaud · · ⎱
Jean-Louis de Richaud · ⎰ *freres.*

B 2

NOBLESSE.

MESSIEURS

Jean-David de Richaud.

Jean-Claude de Richaud· } *freres.*
Jean-Antoine de Richaud

Jean-Moyſe de Richaud.

Gabriel de Richaud.

De Rochegude.

De Chaſtelet.

De Perrier.

Jean de Richaud · · · · · · · · · } *freres.*
Jean-Pierre de Richaud · · · ·

Jean-Pierre de Richaud · · · · } *freres.*
Antoine de Richaud · · · · · ·

David-Jean de Bouillanne.

Jean-Matthieu de Richaud· } *freres.*
Pierre de Richaud · · · · · · ·

Pierre de Richaud.

Gaſpard de Bouillanne · · · · · ·
Jean de Bouillanne · · · · · · · · } *freres.*
Mathieu de Bouillanne · · · · ·

Jacques de Bouillanne.

Moyſe de Bouillanne · · · · · · } *freres.*
Claude de Bouillanne · · · · · ·

Jean-Pierre de Bouillanne.

NOBLESSE.

MESSIEURS

Pierre de Richaud ⟩
Jean-David de Richaud ⟩
Jean-Matthieu de Richaud ⟩ *freres.*
Jean-Pierre de Richaud ⟩
Jean de Richaud ⟩

Bernard de Volvent.
De Blégier, Marquis de Taulignan.
Jacques-Melchior Ladret de la Condamine.
Des Ifnard de Langlerie.
De la Fayole.
De Ventaillac.
De la Tourne.
De Berbegier de Lalbarde.
Charles de Bouillanne.
Louis de Bouillanne de Saint-Martin.
De Bouillanne de la Cofte.
De Ferre de la Calmette.
Oddoz de Bonniot de Saint-Jullien.
Le Baron de Sainte-Croix.
Le Chevalier de Bonne de Lefdiguieres.
Le Marquis de Pefignan, *Pere.*
Le Marquis du Poët.
De Cabaffolle.
Le Marquis de Sade.

TIERS-ÉTAT.

Election de Grenoble.

Noms des Villes, Bourgs, Paroisses & Communautés qui ont nommé des Députés	Noms des Députés
	MESSIEURS
Ville de Grenoble····	Piat-Defvial , *Avocat.*
	Barthellemy , *Avocat.*
	Bertrand , *Avocat.*
	Gagnon , *Médecin.*
	Allemand - Dulauron , *Procureur du Roi au Siége de Police.*
	Bottut , *Syndic du Commerce.*
	Pafcal , *Négociant*
	Robert , *Procureur.*
	Rubichon , *Négociant.*
	Mounier , *Juge Royal de Grenoble.*
Saint - Ferjus········	Bernard, *Lieutenant en la Judic. Epifc. de Gren.*
S. Martin le Vinoux···	Eynard , *Avocat.*
Courenc ···········	
Bouqueron ·········	Romain-Mallein , *Avoc.*
Mas du Molard······	

TIERS-ÉTAT.

Noms des Villes, Bourgs, *Paroiffes & Communautés* *qui ont nommé des Députés.*	*Noms des Députés.*
	MESSIEURS

Mandement de Montbonnod.
{
Montbonnod · · · · ·
Saint-Mury · · · · · ·
Meylan · · · · · · · ·
Biviers · · · · · · · ·
Saint-Ifmier · · · · · ·
Clêmes · · · · · · · · ·
Saint-Nazaire · · · · ·
Bernin · · · · · · · · ·
S. Martin de Miferé ·
}
Réal, *Avocat.*
Bigillion, *Châtelain.*

Crolles · · · · · · · · · · · ·   Berthieu, *Bourgeois.*

Lumbin · · · · · · · · · · · ·   Grand-Dufay, *Bourg.*

S. Hilaire & S. Pancrace ·   Guerre, *Avocat,*

La Terraffe · · · · · · · · {
Pifon du Galland, *fils,*
Juge Épifcopal de la
ville de Grenoble.

Le Touvet · · · · · · · ·   Chabert, *fils, Avocat.*

B 4

TIERS-ÉTAT.

Noms des Villes, Bourgs, Paroisses & Communautés qui ont nommé de Députés,	Noms des Députés.
Mandement de la Buissiere — La Buissiere······	MESSIEURS
Barraux·········	
Ste Marie d'Aloi···	
Ste Marie du Mont·	Amar de Chatelard, *Bourgeois.*
S. Vincent de Mercuse·········	Bernard, *Bourgeois.*
La Flachere & Montalieu·········	Chabert, *Notaire.*
Saint-Marcel·····	
Belle-Chambre····	
Belle-Combe········	Bravet, *Notaire.*
Chapareillan········	
Le Sapey··········	Bernard, *Châtelain.*
S. Pierre-de-Chartreuse.	Bigillion, *Avocat.*
Entremont·········	
Chartrousse·········	
La Rochere·········	Farconet, *Avocat.*
Entre-deux Guiers-le-bas············	Grabit, *Bourgeois.*
Saint-Christophe·····	Farconet, *Avocat.*
	Millioz, *Bourgeois.*

TIERS-ÉTAT.

Noms des Villes, Bourgs, Paroisses & Communautés qui ont nommé des Députés.	Noms des Députés
	MESSIEURS
Miribel · · · · · · · · · · ·	Farconet, *Avocat.* Vachon, *Notaire.*
S. Laurent-du-Pont · · ·	Farconet, *Avocat.* Margot, Notaire.
Mandem. d'Avalon & Bayard, { Avalon · · · · · · · · Le Motaret · · · · · Villard-Benoît · · Saint-Maximin · · Grignon · · · · · · ·	Paturel, *Secretaire-Greffier d'Avalon.* Paganon, *Feudiste.*
Allevard · · · · · · · · · · · S. Pierre d'Allevard · · ·	Guerre, *Avocat.* Dufresne, *Notaire.* Doyat de Bayat, *Bourg.*
La Batie d'Arvillard · ·	Guerre, *Avocat.*
Pinsot · · · · · · · · · · · ·	Dufresne, *Notaire.*
Le Cheylas · · · · · · · · Morestel · · · · · · · · · ·	Pin, *Notaire.*
Goncelin · · · · · · · · · ·	Sabatier, *Notaire.*
Tencin · · · · · · · · · · ·	Jullien, *Notaire.*
Lapierre · · · · · · · · · ·	Bon, *Procureur.* [1]
Le Champ · · · · · · · · ·	Laforte-Jourdan, *Bourg.*

TIERS-ÉTAT.

Noms des Villes, Bourgs, Paroiſſes & Communautés qui ont nommé des Députés.	Noms des Députés
	MESSIEURS
Froges · · · · · · · · · · · ·	Mécou, *Notaire.*
Theys · · · · · · · · · · · · ·	{ Dorgeval, *Lieut. de Chât.* { Brette, *Notaire.*
Hurtieres · · · · · · · · · ·	Brette, *Notaire.*
Les Adrets · · · · · · · · ·	Blanchet, *Bourgeois.*
Laval · · · · · · · · · · · ·	{ Mathieu - Deſcombes, *Avocat.*
Saint-Agnès · · · · · · · · ·	Helie, *Notaire.*
Villard-Bonnod · · · · · . Lancey · · · · · · · · · · · · La Combe de Lancey · S. Muris-Monteymond.	Jail, *Avocat.*
Le Verſoud · · · · · · · · ·	Brunot-Micoud, *Bourg.*
Uriage · · · · · · · · · · · · Revel · · · · · · · · · · · ·	Arvet, *Avocat.*
Domene · · · · · · · · · · ·	Perronard, *Notaire.*
Giere · · · · · · · · · · · · ·	Veſſillier, *Bourgeois.*
Saint-Martin d'Here · · Poizat · · · · · · · · · · · ·	Teiſſeire, *Négociant.*
Eybens · · · · · · · · · · ·	{ Muraillat. { Ravanat.
Herbeys · · · · · · · · · · ·	Arthaud, *Châtelain.*

TIERS-ÉTAT.

Noms des Villes, Bourgs, Paroisses & Communautés qui ont nommé des Députés.	Noms des Députés.
	MESSIEURS
Bresson	Ducros, *Avocat.*
Jarrie-le-haut	
Jarrie-le-bas	
Echirolles	Renauldon, *Avocat.*
Champagnier	
Brié	Bouvier, *Bourgeois.*
Les Angonnes	
Vaulnaveys-le-haut	Jat, *Notaire.*
Vaulnaveys-le-bas	
Vizille	Boulon, *Avocat.*
Champ	
Lafrey	
S. Jean-de-Vaux	Dumolard, *Notaire.*
Notre-Dame-de-Vaux	
La Motte Saint-Martin	
Marcieu	Arnaud, *Bourgeois.*
Savel	
Nantes	
Sievoz	
Oris	Desmoulins, *fils.*
La Valdens	
La Valette	

Mandem. de Ratier.

TIERS-ÉTAT.

Nom des Villes, Bourgs, Paroisses & Communautés qui ont nommé des Députés.	Noms des Députés.
	MESSIEURS
Ville de la Mure · · · { Aman, *Avocat.* Guillot, *Notaire.*	
Mandement de la Mure. Saint-Theoffrey · · Saint-Honoré · · · · · Pierre-Chatel · · · · · Soufville · · · · · · · · Surville · · · · · · · · Prunières · · · · · · · · Ponfonas · · · · · · · · Mayres · · · · · · · · · Cognet · · · · · · · · · Cholonge · · · · · · · Villard S. Pancrasse. Saint-Arey · · · · · ·	Aribert-Desjardins, *Bourgeois.*
Mandement de l'Albonnais. Valbonnais · · · · · Le Perier · · · · · · Entraigues · · · · · Chantelouve · · · Valjoffrey · · · · ·	Bernard, *Avocat.* Blanc, *Notaire au Perier.*

TIERS-ÉTAT.

Noms des Villes, Bourgs, Paroisses & Communautés qui ont nommé des Députés.	Noms des Députés.

MESSIEURS

Mandement d'Oyfans.

Le Bourg-d'Oyfans.
La Grave ········
Villard d'Arenes ··
Le Mont-de-Lans··
Clavans···········
Mifoen···········
Venofc ·········
Saint-Chriftophe ··
Les Gauchoirs····
Villard-Aymond ··
Villard-Reculas ···
Huez ···········
La-Garde ········
Oz ·············
Ormon ·········
Allemond ·······

Bettou, *Notaire.*
Robert, *Bourgeois.*

Chichiliane & Saint-Barthelemi····· } Poncet, *fils.*

Saint-Laurent-en-Beau-mont··········· } Vivian.

Poligny ··········· Legentil, *Avocat.*

TIERS-ÉTAT.

Noms des Villes, Bourgs, Paroiffes & Communautés qui ont nommé des Députés.	Noms des Députés.
	MESSIEURS
Bourg-de-Corps · · · · · }	Imbert-des-Granges, *Av.*
Beaufain · · · · · · · · · · }	Laugier , *Médecin.*
Afpres-lès-Corps · · · · {	Imbert-des-Granges, *Av.*
	Mounier, *Juge Royal de la ville de Grenoble.*
Les Côtes de Corps · · }	
Saint-Jacques en Valgo- {	Imbert-des-Granges , *Avocat.*
demard · · · · · · · · · }	
Saint-Bonnet · · · · · · · }	Meyer , *Bailli du*
La Motte · · · · · · · · · · }	*Champfaur.*
Cordeac · · · · · · · · · · }	
Morges · · · · · · · · · · · {	Dos , *Châtelain.*
Sainte-Catherine · · · · · }	
Ambel · · · · · · · · · · · {	Pal , *Avocat.*
	Laugier , *Médecin.*
Aubeffagne · · · · · · · ·	Pal , *Avocat.*
Clémence d'Ambel · · · }	Mounier , *Juge Royal de Grenoble.*
Guillaume-Peroufe · · · }	
Villard-la-Loubiere · · · {	Imbert - des - Granges, *Avocat.*
Saint-Maurice en Valgo- {	
demard · · · · · · · · · }	Barnave , *fils* , *Avocat.*

TIERS-ÉTAT.

Noms des Villes, Bourgs, Paroisses & Communautés qui ont nommé des Députés.	Noms des Députés.

MESSIEURS

Moneſtier d'Ambel · · · Pellafol · · · · · · · · · · }	Achard de Germane, *Avocat.*
La morte · · · · · · · · · ·	Ruelle, *fils.*
Bourg de Mens · · · · ·	Segond, *Echevin.*
Cornillon en Trieves · ·	Delachaux, *Châtelain.*
Saint-Jean d'Hérans · · ·	Jouguet, *Avocat.*
Clelles · · · · · · · · · · ·	Blanc, *Notaire à Grenob.*

Saint - Euſeby · · · · · · · Treminy · · · · · · · · · · *Mandement de Saint-Firmin.* { Saint-Firmin · · · · Villard S. Firmin · La Brouë · · · · · · Recuʼas · · · · · · · Leſpreaux · · · · · · Leſparcellet · · · ·	Mounier , *Juge Royal* *de Grenoble.*

Moneſtier de Clermont. Saint-Michel-Leſportes. Saint-Martin de Cleiles. Touranne · · · · · · · · ·	Allemand, *Notaire.* Faucherand, *Notaire.*
Roiſſard · · · · · · · · · ·	Faucherand, *Notaire.*

TIERS-ÉTAT.

Noms des Villes, Bourgs, Paroisses & Communautés qui ont nommé des Députés.	Noms des Députés.
	MESSIEURS
Saint-Guillaume..... Saint-Andeol.......	Faucherand, *Bourgeois.*
Sinard............	Allemand, *Notaire.* Faucherand, *Bourgeois.*
Lenchatre..........	Aymard, *Châtelain.*
La Cluse........... Paquier............	Santon, *Notaire.*
Greffe............	Martin, *Conful.*
Treffort..........	Gachet, *Conful.*
Chabottes.........	Brochier.
Vif..............	Dejean, *Bourgeois.*
Varces...........	Joly, *Subftitut.*
Saint-Baudille & Pipet · Le Percy........... Claix............. Allieres.......... Riffet........... Fontanieu.........	Royer, *aîné*, *Avocat.*
	Scyffins.

TIERS-ÉTAT.

Noms des Villes, Bourgs, Paroisses & Communautés qui ont nommé des Députés.	Noms des Députés.
	MESSIEURS
Seyssins	
Seyssinet	
Roux de Comiers	Faure, *Avocat.*
Montrigaud	Jouguet, *Avocat.*
Parifet	
Saint-Nizier	
Fontaine	Escoffier, *Procureur.*
Lans	
Villard-de-Lans	Jullien, *Not. au Villard.*
Meaudres	Blanc, *Not. à Meaudres.*
Autrans	
Saffenage	
Engins	Dumas, *Avocat.*
Noyarey	
La Buisse	Berland, *Consul.*
Bourg de Voiron	Allard-du-Plantier, *Av.* Tivollier, *Négoc. en gros.*
Voreppe	Coindre la Tivolliere, *Bourgeois.*
Pommiers	Charvet, *aîné, Bourg.*
Cornillon près Fontanil.	Chanel, *fils, Avocat.*
S. Vincent-du-Plâtre	
Quaix	Guiller, *Procureur.*

C

TIERS-ÉTAT.

Noms des Villes, Bourgs, Paroisses & Commnautés qui ont nommé des Députés.	Noms des Députés.
	MESSIEURS
Provesieux · · · · · · · · ·	Bertier , *Châtelain.*
Sarcenas · · · · · · · · · · ·	Brun , *fils* , *Bourgeois.*

Noms des Communautés dont les Députés ne se sont pas rendus à l'Assemblée, & de celles qui ont déclaré adhérer aux Délibérations qui y seront prises.

La Bâtie-Meylan.
Murianette.
Venon.
Besse · · · · · · · · · · · · · ·⎫
Auris · · · · · · · · · · · · · · ⎬ En Oysans.
Livet · · · · · · · · · · · · · · ⎭
Saint Maurice, Lallé & Avert.
Chichilianne en Trieves.
Notre-Dame de Comiers.
Saint George-de-Comiers.
Saint Pierre-de-Comiers.
Avignonet.
Saint Egreve.
Saint Jean-le-Vieux.
Monteynard.
Veurey.

TIERS-ÉTAT.

Notre-Dame de Mezage.
Saint Pierre-de-Mezage.
Prébois.
Le Moneftier-du-Percy.
Montorcier-de-Chaliol.
La Farre.

Election de Vienne.

Noms des Villes , Bourgs, Paroiſſes & Communautés qui ont nommé des Députés.	Noms des Députés.
	MESSIEURS
Ville de Vienne ····	
Revantin ·········	
Vaux-Gris ·········	
Cofte-d'Arcy ······	
Moydieu ··········	
Beauvoir-de-Marc ····	Peyrard , *Echevin de Vienne.*
Villeneuve-de-Marc ··	
Saint - George - d'Efpé-ranche ···········	Chabroud *fils, Avocat.*
	Almeras de la Tour, *Avocat.*
Septeme ··········	
Diemoz ··········	Revollat , *Médecin.*
Seyfiel ··········	
Ternay ··········	
Serpaize ·········	
Ilins ············	

C 2

TIERS-ÉTAT.

Noms des Villes, Bourgs, Paroisses & Communautés qui ont nommé des Députés.	*Noms des Députés.*
	MESSIEURS
S. Simphorien d'Ozon	
Marenes · · · · · · · · · · ·	
Chaponay · · · · · · · · · ·	Comberousse, *Avocat.*
Chandieu · · · · · · · · · ·	Guy, *Avocat.*
Toussieu · · · · · · · · · ·	Armanet, *Notaire.*
Feyzin · · · · · · · · · · ·	Fleury, *Bourgeois à Fe-*
Venissieu · · · · · · · · · ·	*zin.*
Villeurbanne · · · · · · · ·	Cuty, *Marchand.*
Bron · · · · · · · · · · · ·	
Azieu & Genas · · · · · ·	
Ville de Crémieu · · · · ·	Alricy, *Avocat.*
Falavier · · · · · · · · · ·	
Saint-Priest · · · · · · · ·	
Myons · · · · · · · · · · ·	Danthon, *Avocat.*
S. Laurent-de-Mure · ·	Jocteur-Montrosier, *Av.*
Frontonas · · · · · · · · ·	Labbe, *fils*, *Avocat.*
Chonas · · · · · · · · · · ·	Pagnoud, *Marchand à*
Communay · · · · · · · ·	*Saint-Priest.*
Vernioz · · · · · · · · · ·	Vivier, *Marchand à*
Simandre · · · · · · · · · ·	*Roche.*

TIERS-ÉTAT.

Noms des Villes, Bourgs, Paroisses & Communautés qui ont nommé des Députés.	Noms des Députés.
	MESSIEURS
Chavanoz.............	
Anthon..............	
Villette, Mons & Anieres............	
Jonage.............	
Pusignan.............	Baudrand, *Avocat.*
Janeriat & Malatrait...	Sornin, *Bourgeois.* Ponsard, *Notaire aux Constantins.*
Charvieu.............	
Colombier............	Douare, *Bourgeois à Veyssilieu.*
Tignieux.............	Perrin, *Notaire à Bel-lacueil.*
Chamagnieux.........	
Moyrieu............	
Veyssillieu..........	
Panossas............	
Moras de Vessillieu...	

E 3

TIERS-ÉTAT.

Noms des Villes, Bourgs, Paroisses & Communautés qui ont nommé des Députés.	Noms des Députés.
	MESSIEURS
Mandement de Quirieu, { Quirieu· ········· / Bouvesse· ······· / Courtenay· ······ / Amblagnieu······ / Saint-Baudille···· / Charette· ········ / Meypieu· ········ / Arandon·········· / Creys············ / Versieu········· }	Nugue, *Procureur.* Bouvier, *Bourgeois à Bouvesse.*
Bourg de Morestel····	Grandval, *Consul.*
Brangues··········· / Bouchage ··········· / Vezeronce ········· }	Michoud, *Secret. Greff.*
Les Avenieres······· {	Trollier, *Avocat & Châtelain Royal du Pont de Beauvoisin.* Chevalier de Maison-Blanche, *Juge des Avenieres.*
La Bâtie-Montgascon· {	Bouvier, *Bourgeois à Renaudel.*

TIERS-ÉTAT.

Noms des Villes, Bourgs, Paroisses & Communautés qui ont nommé des Députés.	Noms des Députés.

MESSIEURS

La Tour-du-Pin · · · · · ·
Saint-Jean-de-Soudin · ·
Ceffieu · · · · · · · · · · ·
Roche · · · · · · · · · · · ·
Toirin · · · · · · · · · · · ·
La Chapelle-de-la-Tour.
Saint-Clair-de-la-Tour.
Montcara-de-la-Tour ·
S. Didier-de-la-Tour · · ·   Labbe, *pere*, *Avocat.*
Sainte-Blandine · · · · · ·   Durand, *Procureur.*
Dolomieu · · · · · · · · ·   Grumel, *Not. à S. Chef.*
Tuelin · · · · · · · · · · ·   Perroncel, *Bourgeois à*
Vaffellin · · · · · · · · · ·   *Vignieu.*
Vigneu · · · · · · · · · · ·   Lhofte, *Bourgeois à*
Arciffe & Cruffilieu · ·   *la Tour-du-Pin.*
Saint-Chef · · · · · · · · ·
Laval · · · · · · · · · · · ·
Verfin · · · · · · · · · · · ·
Chamon · · · · · · · · · · ·
Trieux · · · · · · · · · · · ·
Montcara · · · · · · · · · ·
Salagnon · · · · · · · · · · ·

C 4

TIERS-ÉTAT.

Noms des Villes, Bourgs, Paroisses & Communautés qui ont nommé des Députés.	Noms des Députés.
	MESSIEURS
Aoste, Leyssin & Chimilin............	Roche, *Négociant.*
Romagnieu.........	Drevon, *Notaire.* Chevallier, *Négociant.*
Ville du Pont-Beau-voisin............	Berlioz, aîné, *Négoc.* Permezel, *Notaire.*
Saint-Jean-d'Avelane..	Favot, *Notaire.*
Forestiers-du-Pont ...	Drevon, *Notaire.*
Vaulserre..........	Brossat, *Châtelain.*
Preyssins...........	Roche, *Avocat.*
Mandement de Saint-Geoire. Bourg de S. Geoire. Massieu........ Saint-Sixte....... Merlas.......... La Chapelle...... Saint-Beuil...... La Ramelliere.... Vellanne........ La Sauge........	Pascal-la-Rochette, *Av.*

TIERS-ÉTAT.

Noms des Villes, Bourgs, Paroisses & Communautés qui ont nommé des Députés.	Noms des Députés.

MESSIEURS

Comté de Clermont.

Chirenc · · · · · · · · ·
Clermont · · · · · · · ·
Massieu · · · · · · · · ·
Billieu · · · · · · · · · ·
Charavines · · · · · · · } Hilaire, *Avocat.*
Aprieu · · · · · · · · · ·
Burcin · · · · · · · · · ·
Oyeu · · · · · · · · · ·

Chabons · · · · · · · · ·
Pupetiere · · · · · · · · · · } Guigues, *Procureur.*

Bizonnes · · · · · · · · · ·
S. Didier de Bizonnes ·
Flacheres · · · · · · · · · ·
Belmont · · · · · · · · · ·
Mont-Revel · · · · · · · · Vallet, *ancien Procureur du Roi au Bailliâge de Graisivaudan.*
Doiffin · · · · · · · · · · ·
Virieu, Blandin, Chelieu, Paniffage, Chaffignieu, Vallancogne, Saint-Honoré & Tépin · · · · Comte, *Bourgeois à Paladru.*
Treilliard, *Négociant à Aprieu.*
Paladru · · · · · · · · · · ·
Montferrat · · · · · · · · Apprin, *Négociant à Virieu.*

TIERS-ÉTAT.

Noms des Villes, Bourgs, Paroisses & Communautés qui ont nommé des Députés.	Noms des Députés.
	MESSIEURS
Les Abrets · · · · · · · · ·	Martin, *Bourgeois à*
Fitilieu · · · · · · · · · · ·	*Preſſins.*
Saint-André-la-Palud · ·	
La Bâtie-Diviſin · · · · ·	
S. Didier de Champagne.	
Bourg de la Coſte S. André	Chenavaz, *Notaire.*
Gillonay · · · · · · · · · · ·	{ Perreton, *fils, Avoc.*
	Dupuy, *fils, Bourgeois.*
S. Hilaire de la Coſte · ·	
Ornacieux · · · · · · · · ·	
Balbin & Sardieu · · · · ·	
Comelle · · · · · · · · · ·	Paſcal, *Médecin à la*
Nantouin · · · · · · · · · ·	*Côte-Saint-André.*
La Frette · · · · · · · · · ·	Lefebvre, *Bourgeois à*
Champier · · · · · · · · ·	*Revel.*
Longechanal · · · · · · · ·	Roux-la-Colombiere,
Le Mottier Boczozel · ·	*Bourgeois à Lemps.*
Eydoche · · · · · · · · · ·	Salomon, *Bourgeois à*
Faramans · · · · · · · · ·	*Boſſieu.*
Semons · · · · · · · · · · ·	Magnin, *Notaire à*
Pomiers · · · · · · · · · ·	*Champier.*
Boſſieu · · · · · · · · · · ·	
Revel · · · · · · · · · · ·	

TIERS-ÉTAT

Noms des Villes, Bourgs, Paroisses & Communautés qui ont nommé des Députés.	Noms des Députés.
Lemps	MESSIEURS
Colombe	Sappey, *Not. & Chât.*
Bevenais	
Ville de Bourgoin	
Ruys	
Montceaux	
Saint-Alban & Vaux	
L'Isle d'Abeau	
S. Savin & Demptezieu.	
Maubec	De Roziere-de-Champagneux, *Avocat.*
Nivolas	
Serezin	Picot-la-Beaume, *Av.*
Moras & Vaux	Couturier, *Notaire aux Epares.*
Les Eparres	
Meyrieu	Vernet, *Bourgois à Faverge.*
Châteauvilain & Buffiere.	
Sucieu	Tranchant, *fils, Négociant à Bourgoin.*
Saint-Victor	
Torchefelon & Biol	
Eclose	
Chatonay	
S. Jean de Bournay	
Faverges	

TIERS-ÉTAT.

Noms des Villes, Bourgs, Paroisses & Communautés qui ont nommé des Députés.	*Noms des Députés.*
	MESSIEURS
Auberive · · · · · · · · · · · ·	
Saint-Clair, près Condrieu · · · · · · · · · · · ·	
La Chapelle, près Roussillion · · · · · · · · · · ·	Thevenin, *Procureur.*
Pinet · · · · · · · · · · · ·	Servant, *Not. à Mont-*
Millieu · · · · · · · · · · · ·	*severoux.*
Montleans · · · · · · · · ·	Reymond, *Négociant à*
Moissieu & Pact · · · · ·	*Vienne.*
Ville-sous-Anjou · · · · ·	Giroud, *Not. à Poussieu.*
Poussieu · · · · · · · · · · ·	Jaquier, *Not. à Assieu.*
Assieu & Surieu · · · · ·	
Bozancieu · · · · · · · · ·	
Montseveroux · · · · · ·	

Communautés adhérantes.

Hierres.	Chozeaux.
Chatelan.	Saint-Hilaire-de-Brens.
Optevoz.	Meyzieu & Chassieu.
Annoisin.	Dessines & Charpieu.
Serrieres.	

TIERS-ÉTAT.

Election de Romans.

Nome des Villes, Bourgs, Paroiſſes & Communautés qui ont nommé des Députés.	Noms des Députés.
	..MESSIEURS
Ville de Romans.....	Mortillet, 1er *Echevin.*
	De Lacour d'Ambezieu, *Av.*
	Legentil, *Avocat.*
	Dochier, *fils*, *Avocat.*
Bourg du Péage de Pizançon.	Lacour, *Notaire.*
Chatillon & S. Jean..	Mortillet., *Avocat.*
Peryns	Julliet, *Notaire.*
Beaumont-Monteux..	Giraud, *Avocat.*
S. Paul-lès-Romans...	Enfantin, *Avocat.*
Pizançon & Delphinaux.	
S. Lattier...........	
Triols	De Lacour d'Ambezieu,
Montmiral.........	*Avocat.*
Montagne..........	Dochier, *fils*, *Avocat.*
S. Antoine..........	Lacour, *Notaire.*
Crepol............	Geniſſieu, *Négociant.*
Onay.............	Mortillet, *Bourgeois.*
S. Bonnet.........	De Valois, *Bourgeois.*
S. Chriſtophe du Bois.	Gontier, *Bourgeois.*
Montrigaud	
S. Veran...........	

TIERS-ÉTAT.

Noms des Villes, Bourgs, Paroisses & Communautés qui ont nommé des Députés.	Noms des Députés.
	MESSIEURS
Chatte	Julin, *fils*, *Bourgeois.*
Villard-Chevrieres Blanieu Bessin S. Appolinard	De Boissieu, *Avocat.*
Dionay	Nievolet, *Lieutenant de Châtel.*
S. Sauveur Murinais	Payn du Perron, *Avoc.*
Ville de S. Marcellin	Guillermet, *Avocat.*
Bourg de Roybon	Nievolet, *Notaire.*
Chasselai	Gigard, *Châtelain.*
Bourg de Vinay Bourg de l'Albenc *Mandem. de Montferrier.* { Cras Chantesse Chapuisiere La Roche	Champel, *Avocat.*
Polienas	Triolle, *Bourgeois.*
Bourg de Tulins	Charpenez, *Notaire.*
Vourey	Brossat, *Notaire.*

TIERS-ÉTAT.

Noms des Villes , Bourgs, Paroisses & Communautés qui ont nommé des Députés.	Noms des Députés.

MESSIEURS

Bourg de Moyrans · · ·   Magnin-Desayes, *Ech.*

Bourg de Rives · · · · · ·
{ Martel, *Notaire.*
Salomon, *aîné*, *Négoc.*

Izeaux · · · · · · · · · · · ·
Saint-Paul-lès-Izeaux · } Repiton-Préneuf, *Av.*

Beaumont · · · · · · · · ·
Beaucoiffant · · · · · · · ·
La Fortereffe · · · · · · ·
Brion · · · · · · · · · · · · ·   Imbert , *Notaire.*
Breffieu · · · · · · · · · · ·   Mognat , *Bourgeois.*
Vatillieu · · · · · · · · · · ·   Vachon , *Notaire.*
Viriville · · · · · · · · · ·   Jacolin , *de Reaumont.*
Thodure · · · · · · · · · · ·   Salomon , *aîné*, *Négoc.*
Penol · · · · · · · · · · · · ·   Blanchet, *Négociant.*
Marcolin · · · · · · · · · ·   Juvenet, *Notaire.*
Lans de l'Etang · · · · · ·
Montrigaud · · · · · · · ·

Silans · · · · · · · · · · · · ·   Vinoys , *Bourgeois.*
S.Etienne-S. Geoirs · · ·   Cochet , *Châtelain.*
Lentiol · · · · · · · · · · · ·   Gril , *Bourgeois.*
Bourg de Beaurepaire ·   Doriol.

TIERS-ÉTAT.

Noms des Villes, Bourgs, Paroisses & Communautés qui ont nommé des Députés.	Noms des Députés.
	MESSIEURS
Bourg de Moras·····	Quincieux.
Serre················	
Auberive··········	
Montchenu·········	
Baternay···········	Ribaud-Gaubernard, *Avocat.*
Mantaille·········	Reynaud-Florentin, *Notaire.*
Jarcieu···········	
Anjou·············	Fontaine, *Gradué.*
Roussillon········	Perouse-de-Montclos.
Sablon············	Boissonnet, *Bourgeois.*
Montbreton········	
Champagne········	
Albon·············	
Bourg de Saint Vallier·	Gagnere, *Médecin.*
Serve·············	
Laveron···········	Bonnet, *Notaire.*
Bourg de Saint-Donat·	Colonge, *Bourgeois.*
Arthemonay········	Legentil, *Avocat.*
Reculais·········	François, *Avocat.*
	Saint

TIERS-ÉTAT.

Noms des Villes, Bourgs, Paroisses & Communautés qui ont nommé des Députés.	Noms des Députés.
Saint-Martin d'Août · · Châteauneuf - de - Ga- laure · · · · · · · · · · · Fay · · · · · · · · · · · · · Beausemblant · · · · · · · Bren · · · · · · · · · · · · · Clavezon · · · · · · · · · Saint-Uze-Bertus · · · · · Chaunes · · · · · · · · · · Le Mollard · · · · · · · · · Mureil · · · · · · · · · · · Vals · · · · · · · · · · · · · Ponsard · · · · · · · · · · · Margès · · · · · · · · · · ·	Monet , *Avocat.* Fleury , fils , *Avocat.* Reymond , fils , *Avocat.* Genin , *Médecin.* Colonge , *Bourgeois.*

Noms des Communautés dont les Députés ne se sont pas rendus à l'Assemblée, & de celles qui ont déclaré adhérer aux Délibérations qui y seront prises.

Montfalcon.
Crispalot.
Varacieu.

D

TIERS-ÉTAT.

Election de Valence.

Noms des Villes, Bourgs, Paroisses & Communautés qui ont nommé des Députés.	Noms des Députés.
	MESSIEURS
Saint-Quentin · · · · · · · · ⎫ Montaud · · · · · · · · · · · ⎬ Lariviere · · · · · · · · · · ⎪ S. Gervais & Rovon · · ⎭	Achard, *Avocat.*
Cognin · · · · · · · · · · ·	Rubichon, *Bourgeois.*
Beauvoir · · · · · · · · · ·	Vignon, *Châtelain.*
Royans ⎰ Rancurel · · · · · · · ⎱ ⎱ Presles · · · · · · · · ⎰ ⎰ Saint-Roman · · · · · ⎱	Vignon, *Procureur.*
Saint-André · · · · · · · {	Robert, *Procureur.* Bletton, *Notaire.*
Auberives · · · · · · · · · ·	Bletton, *Notaire.*
Bourg du Pont-en-Royans · {	Vignon, *Procureur.* Tezier, *Licentié ès-droits.*
Choranches · · · · · · · · ⎫ Chatelus · · · · · · · · · · ⎬ Echevis · · · · · · · · · · · ⎪ Ste Hulalie & S. Hilairé ⎭	Tezier, *Licentié ès-droits.*

TIERS-ÉTAT.

Noms des Villes, Bourgs, Paroisses & Communautés qui ont nommé des Députés.	*Noms des Députés.*
	MESSIEURS
Saint-Laurent .... Laval Saint-Memoire .	Barthellemy, *Avocat.*
Bourg de Saint-Jean-en-Royans .... Saint-Thomas .... Bouvantes	Ezingeard, *Notaire.*
La Mote-Fanjas	Cara-du-Bechat, *Bourg.*
Saint-Nazaire	Cara-de-Maſſottier, *Châtelain.* Maſſot, *Négociant.* Terrot, *Bourgeois.*
Royannez. Saint-Juſt-de-Claix . Rochechinard	Maſſot, *Négociant.* Terrot, *Bourgeois.*
Royannez. Eymeu	Simond, *Notaire.* Enfantin, *Bourgeois.*
Hoſtung	Bournat, *Procureur.* Carrichon, *Bourgeois.*
Jaillans .... Meymans .... Beauregard	Royet.
Oriol .... S. Martin-le-Colonel ..	Bon, *Procureur.*

TIERS-ÉTAT.

Noms des Villes, Bourgs, Pároiſſes & Communautés qui ont nommé des Députés.	Noms des Députés.
	MESSIEURS
La Saone············· Izeron············· Clerieu············· Château-Neuf-d'Ifere· Chanos & Curfon···· Mercurol············ Veaune············· Crofes············· Larnage············· Jeiffans············· Chantemerle········ Chavane············ Marfas············· La Motte-de-Galaure·	Jubié, *Nég. à la Saone.* Jourdan, *Licentié ès-droits.* Servan, *Bourgeois à Mercurol.* La Roche, *Notaire à la Motte-Galaure.* Feugier, *Notaire à la Roche-de-Glun.*
Ville de Tain········	De Gros, *Juge de Tain.* Bret, *Notaire-Royal.*
La Roche-de-Glun···	Beranger, *Juge.* Feugier, *Notaire & Secretaire-Greffier.*
Le Bourg lès Valence·	Dupont, *Négociant.*

TIERS-ÉTAT.

Noms des Villes, Bourgs, Paroisses & Communautés qui ont nommé des Députés.	Noms des Députés.
	MESSIEURS
Bourg de Loriol·····	Gagnat de la Couronne, *Avocat.* Blancard, *Avocat.*
Charpey ············	Badoux, *Avocat.* Bochard, *Procureur à Romans.*
Alixan·············	Revol, *Avocat.*
Ville de Valence····· Montélier ········· Fiancayes ········· Marches··········· S. Maman, Rochefort & Sanson········ Le Chafal·········· Barbiere ·········· Ville de Chabeuil··· Montelegier ······· Beaumont·········· La Vache········· Montvendre ········ Barcellonne ········	Bayle, *Avocat.* Beranger, *Avocat.* Bouvier, *Not. à Valence.* Urtin, *Notaire, premier Conful de Chabeuil.* Bellier, *Conf. de Charpey.*

D

TIERS-ÉTAT.

Noms des Villes, Bourgs, Paroisses & Communautés qui ont nommé des Députés.	*Noms des Députés.*
	MESSIEURS
Ambonil · · · · · · · · · · ·	Bancel, *Bourgeois*.
Bourg d'Etoile · · · · · · ·	Melleret.
Montoison · · · · · · · · · ·	Didier, *Avocat*. Pey, *Not. & Châtelain*.
Château - Double & Peyrus · · · · · · · · · La Beaume-Cornillanne Ourche · · · · · · · · · · · La Rochette · · · · · · · · Urre · · · · · · · · · · · · · Upie · · · · · · · · · · · · · Montmeyran · · · · · · · Livron · · · · · · · · · · · Clioufclat · · · · · · · · · Mirmande · · · · · · · · ·	Roux, *Avocat*. Lambert, *Avocat*. Durozet, *Notaire à Montmeyran.* Dupré, *Notaire à Livron.* Bellier, *Nég. à Peyrus.*
Vaunaveys · · · · · · · · ·	Didier, *Avocat*.
Alex · · · · · · · · · · · · · Aubonne · · · · · · · · · ·	Ollivier, *Fils*, *Avocat*. Thomé, *Licent. ès-droits.*

TIERS-ÉTAT.

Election de Gap.

BAILLIAGE DE GAP.

Noms des Villes, Bourgs, Paroisses & Communautés qui ont nommé des Députés.	Noms des Députés.
Ville de Gap	MESSIEURS
Rambaud	
Jarjayes	
La Bâtie - Vieille	
La Bâtie - Neuve	
Romette	
Chaudun	Marchon, *Maire de Gap.*
S. Etienne-en-Devolui	La Bastie, *Fils, Avocat*
S. Disdier-en-Devolui	*du Roi au Bailliage.*
La Cluze-en-Devolui	Moynier - du - Bourg,
Rabau	*Procureur.*
La Roche-des-Arnaud	
Mont-Mort	
Manteyer	
S. André la Fressinouse	
Pelleautier	
Neffes	
Bourg de Tallard	Jacquemet, *Fils, Avoc.*
La Saulce	

TIERS-ÉTAT.

Noms des Villes, Bourgs, Paroisses & Communautés qui ont nommé des Députés.	Noms des Députés.
	MESSIEURS
Ventavon · · · · · · · · · ·	Brun, *Avocat.*
Château-Vieux-sur-Tallard · · · · · · · · · · · · ·	
Le Tret · · · · · · · · · ·	
Sigoyer · · · · · · · · · ·	
Fouillouse · · · · · · · · ·	
Lardier & Valençat · · ·	
Monestier - Allemont · ·	
Upaix · · · · · · · · · · ·	Faure-Lacombe, *premier Echevin de Tallard.*
Le Poet · · · · · · · · · · ·	
Monteglin · · · · · · · · ·	Morgand, *Not. à Saint-André en Beauchêne.*
Arzelier · · · · · · · · · ·	
Saleon · · · · · · · · · · ·	Amat, *Fils, Notaire à Ribiers.*
La Batie-Mont-Saleon ·	
Eyguyans · · · · · · · · ·	
S. Génis & Notre-Dame	
Chabestan ou Laric · · ·	
Le Saix · · · · · · · · · ·	
Agnelles · · · · · · · · · ·	
S. Jullien en Beauchêne ·	
S. André en Beauchêne ·	

TIERS-ÉTAT.

Noms des Villes, Bourgs, Paroisses & Communautés qui ont nommé des Députés.	Noms des Députés.
	MESSIEURS
Ribiers · · · · · · · · · · · Barret-le-Haut · · · · · · Barret-le-Bas · · · · · · ·	Viguier, *Procureur au Parlement.*
Antonaves · · · · · · · · · Pomet · · · · · · · · · · · · Château-Neuf-de-Chabres · · · · · · · · · · · ·	Abel, *Bourgeois.*
Laragne · · · · · · · · · · ·	Faure-la-Combe, *Echev. de Tallard.*
Lazer · · · · · · · · · · · ·	Ducros, *Avocat.*
Bourg de Veynes · · · · · Aspremont · · · · · · · · ·	Pascal, *Fils, Avocat.*
Montbrun · · · · · · · · · Hommes de Gabriel Reymond · · · · · · · La Beaume-des-Arnaud Argenson & la Parerie · La Pierre · · · · · · · · · · Hommes de la Roche-Mont-Clus · · · · · · · Le Barsac · · · · · · · · · Mont-Rond · · · · · · · · ·	Gontard, *Not. à Serres.*

T I E R S - É T A T.

Noms des Villes, Bourgs, Paroisses & Communautés qui ont nommé des Députés.	Noms des Députés.
	MESSIEURS
Saint-Cyrice · · · · · · · ·	Faure, *Not. à Orpierre*.
Très-Cléoux · · · · · · · ·	Chauvet, *Fils, Bourgeois*
Montjay · · · · · · · · · ·	à *Montjay*.
Chanousse · · · · · · · · ·	
Sorbieres · · · · · · · · · ·	
Montmorin · · · · · · · · ·	
Bruis · · · · · · · · · · · ·	
Val-Sainte-Marie · · · ·	
Ribeyret · · · · · · · · · ·	
Saint-André-en-Rozans.	
Mozages & Benivent · ·	
Bourg de Serres · · · · ·	
Savournon · · · · · · · · ·	
Mont-Clus · · · · · · · · ·	Achard de Germane, *Avocat*.
Sigotier · · · · · · · · · ·	
La Grand · · · · · · · · · ·	
Aspres · · · · · · · · · · ·	Barillon, *Bourgeois*.
Moydans · · · · · · · · ·	De Bertrand-de-Mont-fort, *Vibailli du Buis*. Vachier.
Saleyrans · · · · · · · · ·	Gabriel, *Bourgeois*.
Saint-Pierre-Avèz · · · ·	

TIERS-ÉTAT.

Noms des Villes, Bourgs, Paroisses & Communautés qui ont nommé des Députés.	Noms des Députés.
Bourg d'Orpierre Etoile Ville-Bois Sainte-Colombe	MESSIEURS Faure, *Not. à Orpierre.*
Eourres	Vignier, *Procureur au Parlement.* Gabriel, *Bourgeois.*

BAILLIAGE D'EMBRUN.

Ville d'Embrun S. André-lès-Embrun S. Sauveur-lès-Embrun La Roche-sur-Embrun Puy-Saint-Euseby Guillestre Ville de Mont-Dauphin & Eygliers Château-Roux Saint-Clément Saint-Crépin Risoul Vars Seillac Roettier Chancela Freissinieres Largentieres	Ardouin, *Avocat.* Blanc, *Avocat.* Rossignol, *Notaire & Châtelain de la Roche-sur-Embrun.* Bonardel, *Notaire à Mont-Dauphin.*

TIERS-ÉTAT.

Noms des Villes, Bourgs, Paroiffes & Communautés qui ont nommé des Députés.	Noms des Députés.
	MESSIEURS
Crévoux.............	
Les Orres..........	
Baratier...........	
Les Crottes........	
Savines............	
Saint-Apolinaire.....	
Prunieres..........	
Bourg de Chorges...	
Mont-Gardin.......	
Efpinaffe..........	Colomb, *Avocat.*
Theus.............	Souchon, *Notaire à*
Avançon...........	*Chorges.*
S. Etienne-d'Avançon.	
Rouffet...........	
Breziers..........	
Valferre..........	
Rochebrune.......	
Réallon...........	
Puyffannieres......	
Le Saulce.........	
Remolon..........	Colomb, *Avocat.*

TIERS-ÉTAT.

BAILLIAGE DE BRIANÇON.

Noms des Villes, Bourgs, Paroisses & Communautés qui ont nommé des Députés.	Noms des Députés.
	MESSIEURS
Ville de Briançon····	Chancel, *Consul.*

Ecarton de Briançon.

{ Vallouize··········
Monestier-de-Brian-
çon ··········
La Salle··········
Saint-Chaffrey····
Villard-S. Pancrace·
S. Martin-de Quey-
rieres··········
Mont-Genevre····
Neuvache ········
Servieres········
Puy-Saint-André··
Puy-Saint-Pierre·· }

Grand-de-Champrouet, *Assesseur au Bailliage de Briançon.*
Faure, *Avocat & Notaire à Briançon.*
Martinon, *Notaire au Monestier-de-Briançon.*
Guille, *Notaire à Saint-Martin-de-Queyrieres.*

Ecarton de la Vallée de Queyras.

{ Arvieu········
Molines········
Château-Ville-
Vieille······
Abriès········
Aiguilles······
Saint-Jeran·····
Ristolas········· }

Fantin, *Avocat à Arvieu.*
Berthelot, *Fils, Bourg. à Abriès.*

TIERS-ÉTAT.

Noms des Communautés dont les Députés ne se sont pas rendus à l'Assemblée ; & de celles qui ont déclaré adhérer aux Délibérations qui y seront prises.

Le Noyer.	Furmeyer.
Château-Neuf-d'Oze.	Peyre.
Saint-Auban-d'Oze.	Saint-Pierre.
Chatillon-le-Désert.	

Election de Montelimar.

SÉNÉCHAUSSÉE DE MONTELIMAR.

Noms des Villes, Bourgs, Paroisses & Communautés qui ont nommé des Députés.	*Noms des Députés.*
	MESSIEURS
Ville de Montelimart.	Cheynet, *ancien Avocat du Roi, Maire de la ville de Montelimar.* Serret, *Procureur du Roi en la Sénéchaussée.* Freycinet, *Négociant.*
Ancone............	Eybert, *Consul.*
Les Tourrettes...... Lachamp...........	Pain, *Conseiller en l'Election de Montelimar.*
Savasse........... Lataupie.......... Bonlieu...........	De Bertrand-de-Montfort, *Vibailli du Buis.*
Pont de Baret...... Felines........... Soufpierre.........	Chaniac, *Avocat.*

TIERS-ÉTAT.

Noms des Villes, Bourgs, Paroisses & Communautés qui ont nommé des Députés.	Noms des Députés.
	MESSIEURS
Château-Neuf-de-Mazenc. Charrols Manas Puy-Saint-Martin	Chaniac, *Fils*, *Avocat.*
Poët-Laval	Vernet, *Fils*, *Consul.*
Bourg de Dieu-le-Fit.	Morin, *Nég. en gros.*
Sauzet S. Marcel-lès-Sauzet Condillac Marsane Cléon-d'Andrans Eyzahuc Montjoux Vesc Odeffred Aleyrac Rochefort Portes Puygiron Latouche La Bâtie-Rolland Espeluche Montboucher	Pellapra. Pain. } *Conseillers à l'Election de Montelimar.* Freycinet, *Négociant à Montelimar.* Mirabel, *Gradué.* Marcellin, *Laboureur à la Touche.* Bauzon, *Consul de Château-Neuf-de-Mazenc.* Bernard, *Consul de Mont-Boucher.*

TIERS-ÉTAT.

Noms des Villes, Bourgs, Paroisses & Communautés qui ont nommé des Députés.	Noms des Députés.
Château-Neuf-du-Rhône.	MESSIEURS
Rac··············	
Donzere···········	Flotte , *Chirurgien à*
Ville de Pierrelatte···	*Taulignan.*
Rouffas············	Meynot, *Négociant à*
Granges-Gontardes···	*Donzere.*
La Garde-Adhémard··	Bignan-de-Coyrol, *Nég.*
Vallaurie ··········	*à Suſe-la-Rouſſe.*
Chamaret-le-Maigre ··	Varonnier, *Bourgeois à*
Taulignan··········	*Pierrelatte.*
Alençon············	Delaye , *Négociant à la*
Blacons············	*Garde-Adhemar.*
Buiſſe ············	Barthellemy de Saint-
La Roche-Saint-Secret·	Martin, *Châtelain de*
	Chamaret le Maigre
Suze-la-Rouſſe ······	Bignan-de-Coyrol, *Nég.*

BAILLIAGE DE S. PAUL-TROIS-CHATEAUX

Ville de Saint--Paul-Trois-Châteaux ···	Thune, *Procureur-Fiſcal*
Saint-Reſtituy·······	*de Saint-Paul-Trois-*
Beaume-de-Tranſit ···	*Châteaux.*

BAILLIAGE

TIERS-ÉTAT.

BAILLIAGE DU BUIS.

Noms des Villes , Bourgs , Paroisses & Communautés qui ont nommé des Députés.	*Noms des Députés.*
	MESSIEURS
La Ville du Buis	
La Roche	
Montaulieu & Roche-blave	
La Bâtie-Coste-Chaude	
Rochebrune	
Château-Neuf-de-Bordette	
La Rochette sur Saint-Auban	De Bertrand , *Comte de Montfort , dans les Etats du Saint-Siege, Lieutenant-Général au Bailliage du Buis, Député des Jurisdictions de son Siege.*
Montbrun	
Reillanete	
Propiac	
La Penne	Vachier , *Avocat.*
Montauban	
L'Epine	
Redortier	
Pleysian	
Laborel	
Izon & Chabreil-lès-Izon	
Roussieu	
Chauvac	
Vers	
Saint-Sauveur	

E

TIERS-ÉTAT.

Noms des Villes , Bourgs, Paroiſſes & Communautés qui ont nommé des Députés.	Noms des Députés.
	MESSIEURS
Ville de Nyons······	De Bertrand-de-Mont-fort. Romieu-Deſſorgues. Goubert, *Echevin.*
Venterol .& Novezan· Clanſayes·········· Vinſobres·········· Teyſſieres·········· Condorcet········· Aubres············ Saint-Maurice······· Molans············ S. Marcellin-lès-Vaiſon. Pierre-Longue······ Saint-Auban········ Rions············ La Fare··········· Olan············· Vercoiran········· Arpavon········· Mevouillon········ Sainte-Euphemie····· Béſignan·········· Poët-Empercipe····· Mont-Réal······· Carnier···········	Conſolin-de-Bacular, *Licencié-ès-droits.* Goubert, *Echevin de Nyons.* Givaudan, *Bourgeois à Sahune.* Vian, *Notaire à Sainte-Euphemie.*

TIERS-ÉTAT.

SÉNÉCHAUSSÉE DE CREST ET DIOIS.

Noms des Villes, Bourgs, Paroisses & Communautés qui ont nommé des Députés.	Noms des Députés
	MESSIEURS
Ville de Crest · · · · · · · Roche-sur-Grane · · · · Piégros · · · · · · · · · · · Cohone · · · · · · · · · · · Divajeu · · · · · · · · · · Lambres · · · · · · · · · · Chomeane · · · · · · · · Mornans & Parri · · · · Bourdeaux · · · · · · · · Bezaudun · · · · · · · · · Crypies · · · · · · · · · · Lestonils · · · · · · · · ·	Richard, *Avocat*, *Maire de Crest.*
Grane · · · · · · · · · · · ·	Brochier, *Notaire.*
Autichamp · · · · · · · ·	Chaniac, *Fils*, *Avocat.*
Saou · · · · · · · · · · · · · Francillon · · · · · · · · · Célas · · · · · · · · · · · ·	Cauteron, *Marchand.*

E 2

TIERS-ÉTAT.

Noms des Villes, Bourgs, Paroisses & Communautés qui ont nommé des Députés.	Noms des Députés.
Soyans · · · · · · · · · · · ·	MESSIEURS
Auriple · · · · · · · · · · ·	
Châtel-Arnaud · · · · · · ·	Didier, *Avocat.*
Saint-Morand · · · · · · ·	
Saint-Sauveur · · · · · · ·	
Saillans · · · · · · · · · · ·	Barnave, *Fils, Avocat.*
	Barnave.
S. Benoît-de-Rimon · · ·	
La Chaudiere · · · · · · ·	Reynier, *Nég. à Espenel.*
Espenel · · · · · · · · · · ·	
Veronne · · · · · · · · · ·	Roman-de-Fonroza, *Av. à Die.*
	Barnave, *de Saillans.*
Barri & Verchini · · ·	Barnave, *Fils, Avocat.*
Montclar · · · · · · · · · ·	Richard, *Maire de Crest.*
	Didier, *Avocat.*
Le Vercors, { La Chapelle · · · · ·	Blanc, *Marchand.*
Saint-Martin · · · ·	
Saint-Julien · · · ·	Argoud, *Echev. de Die.*
Saint-Agnan · · · ·	
Vassieu · · · · · · · · · · ·	De Lamorte, *Maire de Die.*
	Argoud, *Echev. à Die.*
	Lagier-de-la-Condamine, *Avocat.*

TIERS-ÉTAT.

Noms des Villes, Bourgs, Paroisses & Communautés qui ont nommé des Députés.	*Noms des Députés.*
	MESSIEURS
Le Pouet · · · · · · · · · · · Romeyer · · · · · · · · · · Barnave · · · · · · · · · · · Volvent · · · · · · · · · ·	De Lamorte, *Maire de Die.*
La ville de Die · · · · · Chamaloc · · · · · · · · Montlaur · · · · · · · · · Gensac · · · · · · · · · · · Montmort · · · · · · · · ·	De Lamorte, *Maire de Die.* Lagier - de - la - Condamine, *Avocat à Die.*
Aix · · · · · · · · · · · · Molieres · · · · · · · · · ·	Lagier - de - la - Condamine, *Avocat à Die.*
Laval-d'Aix · · · · · · · ·	Garin, *Consul.*
Châtillon-lès-Die · · · · Glandage · · · · · · · · · · Bonneval · · · · · · · · ·	Blanc - Grandcombe, *Notaire à Châtillon.*
Menglon · · · · · · · · · · ·	Reynaud-de-la-Gardette *de l'Acad. de Valence.*
Boulc · · · · · · · · · · · · Creyers · · · · · · · · · · · Mifcon · · · · · · · · · ·	Pascal, *Notaire à Luc.*

E 3

TIERS-ÉTAT.

Noms des Villes, Bourgs, Paroiffes & Communautés qui ont nommé des Députés.	Noms des Députés.
Pradelles	
Brette	MESSIEURS
Petit-Paris	
Guifans	Nyer, *Greffier.*
Bouvieres	
Penes-fur-Barnave	
S. Nazaire-le-Défert	Achard - de - Germane, *Avocat.*
Luc	Ferroul, *Maître particulier des Eaux & Forêts, à Die.*
Lefches	Joubert, *Conful.*
Trefchenu	Chancel, *Conful.*
Lus-la-Croix-Haute	Layal, *Bourgeois.*
La-Motte-Chalançon	
Réottier	Magnan, *Avocat & Not. à la Motte-Chalançon.*
Chalençon	
Eftablet	
Gigors	
Beaufort	
Plan-de-Baix	
Saint-Ferréol	
Pontaix	
Barfac	

TIERS-ÉTAT.

Noms des Villes, Bourgs, Paroisses & Communautés qui ont nommé des Députés.	Noms des Députés.
	MESSIEURS
S. Andéol-en-Quint · ·	
Saint-Julien-en-Quint ·	
Egluy & le Col-de-Véran · · · · · · · · · · · · ·	Richard, *Maire de Crest.*
Ansage · · · · · · · · · · · ·	Reboul-la-Juliere, *Av. à Crest.*
Omblese · · · · · · · · · · ·	Reynaud-de-la-Gardette *de l'Académie de Valence.*
Le Pescher · · · · · · · · ·	
Arnayon · · · · · · · · · ·	
Poyols · · · · · · · · · ·	Grangier, *Not. à Sainte-Croix.*
Beaurieres · · · · · · · · ·	
Saint-Cassien · · · · · · · ·	Pourtier, *Bourgeois à Beaufort.*
La Bâtie-Cramezin · · ·	
Saint-Dizier · · · · · · · ·	Tortel, *Procur. du Roi à la Maîtrise de Die.*
Bellegardes · · · · · · · · ·	
Charens · · · · · · · · · ·	Chevandier, *Négociant à Die.*
Valdrome · · · · · · · · ·	
Les Prés · · · · · · · · · ·	
La Bâtie-des-Fonds · · ·	
Ville-Perdrix · · · · · · ·	
Chaudebonne · · · · · · ·	
Joncheres · · · · · · · · ·	
Fourcinet · · · · · · · · ·	

E 4

TIERS-ÉTAT.

Noms des Communautés dont les Députés ne se font
pas rendus à l'Assemblée, & de celles qui ont déclaré
adhérer aux Délibérations qui y feront prifes.

Aubenas.	Sainte-Croix.
Marignac.	Mirabel ; aux Baronnies.
Mirabel, en Diois.	Montferrand.
Suze, en Diois.	Sahune.
Aoufte.	Tulletes.
Aucelon.	Rochegude.
Ourcinas.	

LES Trois-Ordres ont tenu, chacun féparé-
ment, des affemblées particulieres, les cinq,
fix, fept, huit & neuf de ce mois, pour reconnoître ceux qui ont le droit d'être admis à
l'affen blée générale, & vérifier les pouvoirs des
Députés.

Meffieurs de la Nobleffe, afin que les autres
Ordres puiffent fe proportionner à leur nombre,
ont irrévocablement fixé celui des votans, pour
cette affemblée, aux perfonnes de leur Ordre,
qui fe font trouvées à Romans le cinq, & qui
étoient au nombre de cent quatre-vingt-dix, &

arrêté que MM. du Clergé ne formant que le nombre de quarante-huit, on comptera le suffrage de chacun d'eux pour deux voix, jusqu'au nombre de quatre-vingt-quinze voix.

Ces arrangemens approuvés par Messieurs du Clergé, & communiqués au Tiers-Etat, ont été également approuvés par cet Ordre, & les Représentans des Communes, afin de se réduire à l'égalité de suffrages avec les deux autres Ordres, ont délibéré de fixer à deux cens quatre-vingt-cinq, le nombre de ceux qui pourront voter dans les séances générales ou particulieres, & de faire cette réduction de maniere que le district de chaque élection soit à-peu-près également représenté : & comme le défaut de tems n'a point permis de se livrer aux calculs qu'auroient pu exiger les intérêts respectifs de chaque élection, il a été convenu que pour l'Assemblée actuelle seulement, sans tirer à conséquence pour l'avenir, & sans préjudice de la véritable représentation qui pourroit appartenir aux différentes Elections, les Députés du district de l'Election de Grenoble nommeroient entr'eux soixante-quatre personnes ; ceux de l'Election de Romans, quarante-quatre ; ceux de l'Election de Valence, trente ; ceux de l'Election de Montelimart, trente-sept ; ceux de l'Election de Vienne, n'étant qu'au nombre de soixante-sept, il a été réfolu que devant avoir foixante-treize voix, d'après la proportion ci-deffus, ils nommeroient fix perfonnes, à chacune defquelles ils donneroient deux voix ; que ceux de l'Election de Gap n'étant qu'au nombre de trente-un, en nommeroient fix qui auroient également double voix.

Les diverfes Élections fe font divifées pour procéder à la nomination de ceux qui doivent opiner dans le Tiers-Etat. Les Repréfentans des Communautés qui compofent l'Election de Grenoble, ont nommé MM. *Piat-Defvial, Barthelemy-Dorbane, Dumas, Eynard, Bertrand, Bernard, Farconet, Meyer, Pifon-du-Galand, Allemand-Dulauron, Renauldon, Romain-Mallein, Royer,* aîné, *Réal, Pal, Imbert - Defgranges, Jail, Guerre, Chabert,* fils, *Bigillion, Bernard,* de *Valbonnois, Boulon, Arvet, Aman, Gagnon, Laugier, Robert, Pafcal, Rubichon, Botut, Bon, Bouvier, Chanel,* fils, *Dejean, Teiffeire, Guillot, Helie, Chabert, Dufrefne, Jullien,* du Villars de Lans, *Jat, Jullien,* de Tencin, *Allard-Duplantier, Amard-de-Chaftellard, Allemand-des-Chemins, Faucherand,* Notaire, *Blanc, Grand-du-Fay, Mécou, Santon, Dos, d'Orgeval, Bigillon-de-la-Bátie, Coinde-de-la-Tivolierre, Brette, Jouguet, Defjardins, Defmoulins, Dumolard, Margot, Faure, Sabatier, Vivian & Mounier.*

Les Repréfentans des Communautés qui compofent l'Election de Vienne, ont nommé ceux qui, parmi eux, doivent avoir deux voix.

MM. *Hilaire*, *Chabroud*, *fils*, *de Rofiere-de-Champagnieux*, *Fleury*, Bourgeois de Feyzin, *Revolat*, Médecin, *Michoud*, Bourgeois.

Ceux de l'Election de Romans ont nommé MM. *de Lacour-d'Ambefieux*, *Broffat*, *de Moy-rans*, *Mortillet*, de Romans, *Quincieux*, *Dochier*, *Champel*, *Reynaud*, *Florantin*, *Doriol*, *Colonge*, *Lacour*, Notaire, *Geniffieux*, *Nievolet*, *Mogniat*, *Enfantin*, *Bonnet*, *Vachon*, *Julliet*, *Gril*, *Gontier*, *Legentil*, *Fleury*, *François*, *Genin*, *Giraud*, *Fontaine*, *Mortillet*, de Saint-Jean, *Peroufe*, *Repiton-Préneuf*, *Reymond*, *Cochet*, *Ribaud-Gaubernard*, *Pain du Perron*, *Boiffonnet*, *Julin*, *Jacolin*, *Gagniere*, *Monet*, *Guillermet*, *Juvenet*, *Triolle*, *Salomon*, *Charpeney*, *Imbert* & *Boiffieu*.

Ceux de l'Election de Valence, MM. *Ezingeard*, *Vignon*, *Rubichon*, *Cara de Maffotier*, *Didier*, *Melleret*, *Revol*, *Servan*, *Bochard*, *Bournat*, *Achard*, *Degros*, *Bret*, *Urtin*, *Blancard*, *Bellier*, *Bleton*, *Berenger*, *Bouvier*, *Bayle*, *Teiffier*, *Terrot*, *Maffot*, *Bellier*, de Peyrus, *Durofet*, *Dupont*, *Jubié*, *Lambert*, *Roux* & *Pey*.

Ceux de l'Election de Gap ont déclaré donner deux voix à MM. *Marchon*, *Colomb*, *Achard de Germane*, *Champrouet*, *Ardoin* & *Blanc*.

Ceux de l'Election de Montelimar ont nommé

MM. de Bertrand de Monfort, Cheynet, Freyci-
net, Chaniac, pere, Lamorte, Romieu, Vachier,
Confolin-de-Baculard, Barnave, Notaire, Blanc,
Grand, Combe, Bignan, Chevandier, Lagier de la
Condamine, Pais, Grangier, Varronier, Meynot,
Morin, Lajuliere, Barnave, fils, Roman-de-Fon-
rofa, Argoud, Ferroul, Magnan, Thune, Richard,
Serret, Mirabel, Reynaud-la-Gardette, Marcellin,
Brochier, Chaniac, fils, Pourtier, Givaudan, La-
val, Pafcal & Delaye.

Dans chaque Affemblée d'Election il a été
dreffé des Procès-verbaux des nominations ci-
deffus, pour être remis entre les mains du Secrétaire, ainfi que les pouvoirs des Députés.

Le neuf MM. les Commiffaires du Roi, ayant
été prévenus que tout étoit difpofé pour tenir
la premiere féance de l'Affemblée générale, l'ont
indiquée pour le lendemain, à dix heures du
matin; & en conféquence, AUJOUD'HUI, DIX
SEPTEMBRE, à dix heures & demie du matin, la
Nobleffe & le Tiers-Etat étant réunis dans l'églife
des Cordeliers, où ne s'étoit encore rendu qu'un
petit nombre de MM. du Clergé, il a été repréfenté que MM. les Commiffaires du Roi ont
fait notifier aux différens Ordres, que l'intention
de SA MAJESTÉ eft, que M. l'Archevêque de
Vienne préfide cette affemblée, fauf aux Trois-
Ordres à faire les proteftations qu'ils jugeroient

convenables. La matière mife en délibération,
il a été réfolu de reconnoître la Préfidence de
M. l'Archevêque de Vienne, pour cette Affemblée feulement, & fous des proteftations dont
le projet a été lu & unanimement adopté.

Enfuite MM. le Commandeur de Rofan, le
Comte de Marfane, le Vicomte de Leyffin, Bar-
tellemy-d'Orbane, Chabroud & Blancard, ont
été chargés de fe rendre chez M. l'Archevêque
de Vienne, pour lui faire part de la réfolution
qui vient d'être prife.

M. l'Archevêque de Vienne étant entré avec
M. l'Evêque de Grenoble, & accompagné par
la plus grande partie de MM. de l'Ordre du
Clergé, qui ne s'étoient pas encore rendus; M.
le Comte de Morges, Préfident de l'Ordre de la
Nobleffe, en s'adreffant à M. l'Archevêque de
Vienne, a dit à haute voix :

» Monseigneur, l'Affemblée me charge ex-
» preffément de vous dire, que fi elle s'eft abf-
» tenue de délibérer fur l'élection de la perfonne
» qui devoit la préfider, & vous reconnoît pour
» Préfident, c'eft pour donner à Sa Majefté
» des marques de fon refpect pour fes intentions ;
» que c'eft pour cette Affemblée feulement, &
» fans préjudice à tous les droits & intérêts
» de la Province, & au vœu déjà manifefté des
» différens Ordres, concernant l'élection libre

» de toutes les personnes & de toutes les pla-
» ces ; laquelle protestation sera insérée dans le
» Procès-verbal de cette assemblée ».

M. l'Archevêque de Vienne a répondu :
j'adhère à cette protestation & j'y joins la mienne.

M. l'Archevêque s'est placé au fond de la Nef,
près du sanctuaire, ayant à sa droite le Clergé,
à sa gauche la Noblesse, & le Tiers-Etat des
deux côtés & en face joignant immédiatement
les deux premiers ordres, le tout sans observation de rang, d'âge & de préséance dans chaque
Ordre ; M. l'Evêque de Grenoble & M. le
Comte de Morges ont siégé chacun à la tête
de leur Ordre. Le Tiers-Etat n'a point élu de
Président.

Ensuite M. le Président a dit, qu'il paroissoit
convenable d'avertir MM. les Commissaires du
Roi, que l'Assemblée étoit formée. M. Mounier,
Secrétaire, a été député pour se rendre à cet
effet chez MM. les Commissaires du Roi. M.
Mounier, étant revenu, & M. le Duc de CLER-
MONT-TONNERRE ayant fait prévenir l'Assem-
blée, par le Capitaine de ses Gardes, que MM.
les Commissaires du Roi étoient à l'entrée de
l'église, l'Assemblée a député M. l'Evêque de
Grenoble & MM. l'Abbé de la *Salcette*, le
Chevalier de *Murinai*, le Marquis de *Loras*, le
Comte de *Marsane*, le Vicomte de *Leyssein*, de

Bertrand-de-Montfort, Barthellemy d'Orbane, Chabroud, Dambefieu, Marchon & Blancard, qui ont reçu, trois pas au-delà de la porte de l'églife, M. DE CLERMONT-TONNERRE, Duc & Pair de France, Chevalier des Ordres du Roi, Lieutenant général de fes Armées & de la Province de Dauphiné, y commandant; M. le Comte de Narbonne-Fritzlard, Grand-Croix de l'Ordre de S. Louis & Commandeur de l'Ordre de Saint-Lazare; M. Cafe, Baron de la Bove, tendant de la Province.

MM. les Commiffaires du Roi font entrés, accompagnés de MM. les Députés; l'Affemblée s'eft levée pour les recevoir, & MM. les Commiffaires du Roi l'ont faluée.

MM. les Commiffaires du Roi ayant pris leurs places dans l'Affemblée, M. LE DUC DE CLERMONT-TONNERRE a remis au Secrétaire, qui s'eft avancé pour la recevoir, la Lettre claufe de Sa Majefté, aux Trois-Ordres de la Province, & le Secrétaire a fait lecture de cette Lettre, dont la teneur fuit.

De par le Roi Dauphin.

TRÈS-CHERS ET BIEN AMÉS, nous avons
» chargé notre coufin LE DUC DE TONNERRE,
» le fieur Comte de Narbonne & le fieur Cafe
» de la Bove, d'affifter en qualité de nos Com-

» miffaires, à l'Affemblée que nous avons con-
» voquée à Romans & que vous compofez ;
» ils vous feront, ainfi que nous le leur avons
» ordonné, connoître nos intentions, & vous
» devez avoir, en ce qu'ils vous diront de
» notre part, la même confiance que vous au-
» riez en notre perfonne. Convaincus de votre
» zèle pour le bien public & pour notre fervice,
» nous fommes d'autant plus perfuadés que
» vous vous conformerez ponctuellement à nos
» ordres, qu'ils ont uniquement pour but l'a-
» vantage de notre Province de Dauphiné ; &
» la préfente n'étant pour autre fin, nous ne
» vous la ferons ni plus longue ni plus expreffe.
» DONNÉ à Verfailles, le dix Août mil fept cent
» quatre-vingt-huit. *Signé*, LOUIS. DE LO-
» MENIE, Comte DE BRIENNE.

Ladite Lettre a été laiffée fur le Bureau.

MM. les Commiffaires du Roi étant affis &
couverts, & les Membres de l'Affemblée étant
également affis & couverts, M. le DUC DE CLER-
MONT-TONNERRE a dit :

MESSIEURS,

» Le Roi ayant fuffifamment fait connoître
» fes intentions, modifiées fuivant les circonf-
» tances & le vœu des Trois-Ordres, Sa Ma-
» jefté

» jefté veut bien encore vous donner une nou-
» velle preuve de fa bonté paternelle, en réta-
» bliffant, fous une forme plus avantageufe, vos
» Etats provinciaux qui étoient fufpendus.

» Vous allez, Meffieurs, vous occuper d'un
» travail d'autant plus intéreffant, qu'il doit
» opérer le bonheur particulier des peuples de
» cette Province & celui de leurs defcendans.

» Votre zèle ne laiffera fûrement rien à dé-
» firer à cet égard.

» J'ose me flatter, Meffieurs, que le mien
» vous eft affez connu pour n'avoir aucun doute
» que je ne coopère en tout ce qui pourra dé-
» pendre de moi, pour donner à la Province de
» nouvelles preuves de mon attachement.

Ensuite M. Cafe, Baron de la Bove, a dit:

Messieurs,

» Le Roi, uniquement occupé du bonheur
» de fes peuples, n'attend que de connoître le
» vœu de la Nation, pour lui affurer à jamais
» une adminiftration qui concilie fes vrais inté-
» rêts avec l'honneur du nom François & l'a-
» mour qu'elle porte à fon Souverain.

» Si la connoiffance des befoins de l'Etat a
» été le principe des événemens qui, dans quel-
» ques Provinces, ont pu caufer quelques alar-

F

» mes, les lumieres qui ont été répandues de-
» puis long-tems pour éclairer les peuples, les
» élans de patriotifme qui en ont été les effets,
» la publicité de la fituation des finances, les
» améliorations projetées, les retranchemens ef-
» fectués, enfin la juftice & la bonté pater-
» nelle de Sa Majefté, ... que faut-il de plus
» pour infpirer la confiance & raffurer toutes les
» claffes des Citoyens. Un Miniftre défigné par
» l'opinion publique, le guide le plus fûr pour
» éclairer les Rois, eft rappellé aujourd'hui à
» la tête des finances. La Nation va être raffem-
» blée autour du Trône, fous les yeux d'un
» Monarque qui ne cherche que la vérité. Au
» moment de cette époque, peut-être la plus
» touchante de nos annales, pour le Prince &
» pour fes fujets, le moindre foupçon feroit
» un crime ; la reconnoiffance feule & l'enthou-
» fiafme pour le Souverain, font les feuls fenti-
» mens qui doivent fe manifefter & s'éternifer
» dans tous les cœurs.

» Sa Majefté a toujours annoncé qu'Elle con-
» ferveroit les privileges de fes Provinces ; Elle
» vous donne aujourd'hui un témoignage bien
» authentique de la fidélité de fes engagemens ;
» on peut même dire qu'Elle y ajoute une re-
» cherche qui doit vous prouver à quel point
» Elle veut être affurée des moyens les plus effi-
» caces de faire votre bonheur.

» DANS la crainte que vos formes anciennes
» ne puiſſent exciter de nouvelles réclamations,
» Elle vous raſſemble pour vous conſulter, &
» vous mettre à portée de lui faire connoître
» celles que vous croirez les meilleures pour
» procurer au Dauphiné une conſtitution ſage,
» en peſant dans une juſte balance, les intérêts
» des différens Ordres, & ceux de tous les Can-
» tons de cette Province.

HEUREUX, Meſſieurs, ſi, après avoir cherché
» conſtamment à y faire tout le bien qui pou-
» voit dépendre de moi, éclairé aujourd'hui de
» vos lumières & de vos exemples, je peux en-
» core me flatter d'y contribuer ».

M. l'Archevêque, Préſident, a répondu au nom
de celle-ci, & a dit :

» MONSIEUR, c'eſt avec la joie la plus vive
» que nous recevons de votre bouche la nou-
» velle aſſurance des bontés paternelles du Roi
» envers le Dauphiné ; quel ſera le véritable &
» l'heureux fruit de notre reconnoiſſance ? quelle
» preuve en devons-nous à Sa Majeſté ? Un
» ouvrage entrepris avec ardeur, ſuivi avec ap-
» plication, terminé avec une ſage célérité, ſa-
» lutaire à cette Province, digne des Trois-Or-
» dres qui ſont ici raſſemblés. Vous allez être

F 2

» témoin, Monsieur, de leurs efforts & de leurs
» travaux ; dans le compte que vous en rendrez,
» vous n'aurez que des éloges à donner aux
» Membres de l'Assemblée, & qu'une douce sa-
» tisfaction à répandre dans le cœur de notre
» Souverain. MM. les Commissaires du Roi trou-
» veront en nous un zèle actif, & unanime. Nous
» espérons d'eux de puissantes ressources pour
» seconder le patriotisme & pour contribuer au
» bien public ».

MM. les Commissaires du Roi se font levés,
ont salué & se font mis en marche, pendant
laquelle les Membres de l'Assemblée étoient de-
bout & découverts, & les mêmes Députés les
ont accompagnés jusqu'à l'endroit où ils les
avoient reçus.

MM. les Commissaires du Roi retirés, & les
Députés étant rentrés & ayant repris leurs places, M. l'Evêque de Grenoble s'adressant à M.
l'Archevêque de Vienne, a dit :

MONSEIGNEUR,

» Les sentimens que vous avez témoignés &
» garantis à la tête de cette Assemblée, en présence
» de MM. les Commissaires du Roi, justifient
» pleinement les motifs d'égard & de confiance

» qui ont porté les Trois-Ordres à maintenir
» en votre faveur le choix indiqué par le Gou-
» vernement ; j'y adhère avec satisfaction, &
» ferai toujours empreſſé d'offrir à votre expé-
» rience, vos lumieres & vos vertus, l'hom-
» mage qui leur eſt dû.

Enſuite M. l'Evêque de Grenoble s'adreſſant
à l'Aſſemblée, a dit :

» Mais, Meſſieurs, forcé par un devoir ri-
» goureux, de prévoir tout ce qui pourroit
» porter atteinte aux droits que j'ai à défendre,
» j'oſerai, Meſſieurs, vous prier de vouloir
» bien me permettre de proteſter ici & devant
» vous, contre tout ce qui pourroit être induit
» de ma préſence, dans cette Aſſemblée, à la-
» quelle le deſir de partager vos travaux pour
» le bien public, m'a fait une loi d'accourir ;
» j'oſerai encore demander qu'il en ſoit fait men-
» tion dans vos regiſtres ; je ſuis prêt, Meſſieurs,
» au moment qu'il vous plaira de m'indiquer,
» & avec confiance dans vos lumières & votre
» équité, à mettre ſous vos yeux les motifs & les
» titres qui autoriſent le Siege que j'ai l'hon-
» neur d'occuper, à réclamer ſon ancien droit
» de préſider les Trois-Ordres dans les Etats du
» Dauphiné ».

F 3

M. l'Evêque de Grenoble continuant d'adreffer la parole à l'affemblée, a repréfenté l'état
actuel de la Province, & a propofé de charger
une Commiffion d'adreffer une lettre au Roi,
qui exprimeroit la reconnoiffance des Trois-Ordres, les affurances de leur zèle pour feconder
fes vues bienfaifantes, & réclameroit le prompt
retour de la Juftice.

Les Députés de la Cathédrale de Grenoble
ont déclaré adhérer aux proteftations de M. l'E-
vêque de la même Ville.

M. Planelli, Marquis de Maubec, a dit :

Messieurs,

» En annonçant, comme vous l'avez fait,
» que le vœu général de la Province étoit que
» dans les nouveaux Etats toutes les places fuf-
» fent électives, & en ne faifant aucune excep-
» tion, qu'il me foit permis de vous repréfen-
» ter, que ce feroit porter atteinte, de la ma-
» nière la plus décifive, aux droits & aux pri-
» viléges des premiers Barons, dont les préro-
» gatives font établies fur les titres mêmes que
» vous réclamez.
» Ce n'eft pas, Meffieurs, que je ne fuffe
» perfonnellement empreffé de faire dès aujour-

» d'hui le facrifice d'un privilège qui, en m'af-
» furant, à la vérité, de droit une place diftin-
» guée dans vos Etats, me flatteroit infiniment
» moins que fi vos fuffrages daignoient m'y ap-
» peller ; mais je dois éviter de me compro-
» mettre principalement vis-à-vis des autre pre-
» miers Barons, qui font abfens, & qui fe pro-
» pofent fans doute de vous faire connoître
» leurs réclamations, tant pour la Séance dif-
» tinguée dont ils ont toujours joui dans vos
» anciens Etats, que pour les autres préroga-
» tives attachées à leurs Baronnies. Comme je
» craindrois de ne pas défendre fuffifamment des
» intérêts dont ils ne m'ont pas chargé, je n'en-
» trerai dans aucun détail à cet égard ; je me
» bornerai donc, Meffieurs, à vous repréfenter
» que le vœu général de la Province étant de
» recouvrer fes anciens privilèges, il ne doit
» pas, ce me femble, vous paroître jufte de
» détruire entiérement des droits établis fur des
» titres anciens ; qu'en rétabliffant vos Etats
» fous une forme plus avantageufe, vous pour-
» riez peut-être conferver aux premieres Ba-
» ronnies quelques diftinctions qui ne feroient
» aucun tort à la liberté des élections ; que ce
» feroit porter préjudice & atteinte à leur pro-
» priété, que d'anéantir les prérogatives qui
» y font attachées, & que c'eft un avantage

» dont vous pouvez dans la suite jouir vous-
» mêmes, que de conferver à quelques terres
» de la Province des diftinctions particulieres.

» Au furplus, je ne préfume pas, Meffieurs,
» que dans aucun cas votre intention foit ja-
» mais de priver les premiers Barons du droit
» de Committimus au Parlement, dont ils jouif-
» fent de tout tems, & qui tient abfolument à
» leur propriété.

» Mais quels que foient les facrifices que
» vous exigiez de moi, ils ne me coûteront
» rien, lorfqu'ils me feront dictés par le vœu
» général, & qu'ils tendront réellement au bien
» public.

» Cependant, Meffieurs, j'efpere qu'eu égard
» aux motifs que j'ai eu l'honneur de vous ex-
» pofer, vous ne défapprouverez pas qu'en
» adhérant d'avance à vos prochaines réfolu-
» tions, ce foit fous la réferve, & fans préju-
» dice des droits, privilèges & prérogatives qui
» étoient attachés à ma Baronnie dans le tems
» des anciens Etats de la Province, & que ma
» proteftation, à cet égard, foit infcrite fur vos
» regiftres ».

L'Assemblée a arrêté que les proteftations
de M. l'Evêque de Grenoble & de M. le Marquis de Maubec feroient laiffées fur le Bureau,

pour y être enfuite délibéré , & que les difcours qui ont été prononcés dans la préfente
Séance par MM. les Commiffaires du Roi &
M. le Préfident, feroient confignés dans le Procès-verbal.

M. le Préfident a renvoyé la Séance fuivante
à cinq heures de relevée de ce jour.

L'Assemblée s'étant formée de nouveau, à
l'heure ci-deffus, M. le Préfident a obfervé qu'il
falloit nommer un Secrétaire ; & M. Mounier
a été nommé & confirmé par acclamations.

Après quoi M. le Préfident a dit qu'il falloit lire de nouveau la Lettre écrite par Sa
Majefté aux Trois-Ordres, pour délibérer fur fon
enregiftrement.

La Lettre ayant été relue par le Secrétaire,
il a été unanimement délibéré qu'elle feroit en-
regiftrée.

M. le Préfident ayant propofé de nommer des
Commiffaires, tant pour affifter à la rédaction
du Procès-Verbal, que pour préparer les divers
objets des Délibérations & en rendre compte à
l'Affemblée, la propofition faite par M. le Préfident, ayant été adoptée, il a été arrêté qu'à

l'iffue de cette Séance les Ordres fe fépareroient; le Clergé, pour nommer fix Commiffaires; la Nobleffe, pour en nommer douze, deux dans chaque Election, & le Tiers-Etat dix-huit, c'eft-à-dire, Trois dans chaque Election, & que ces trente-fix Commiffaires auroient le pouvoir de former différens Bureaux afin de divifer entr'eux les objets dont ils doivent s'occuper.

M. le Préfident a indiqué la Séance fuivante à demain, à neuf heures du matin, & il a figné.

† *J. G. Archev. de Vienne*, *Préfident.*

MOUNIER, *Secrétaire.*

Du Jeudi, onze Septembre mil fept cent quatre-vingt-huit, à neuf heures du matin.

L'ASSEMBLÉE ayant pris féance, elle a témoigné à Monfieur l'Evêque de Grenoble le defir d'infcrire dans le Procès-Verbal le difcours qu'il a prononcé; il a répondu que ce vœu, honorable pour lui, étoit une loi; qu'il efpéroit pouvoir y fatisfaire, quoiqu'il n'eut rien d'écrit le jour qu'il avoit eu l'honneur de parler à l'Affemblée.

M. le Préfident a dit, qu'il feroit convenable de nommer l'Imprimeur de l'Affemblée, & le fieur Cuchet a été nommé par acclamations.

ENSUITE, M. le Préfident a dit, que des Curés des différens Diocèfes de la Province fe trouvant actuellement à Romans, défireroient qu'il fût permis à deux d'entr'eux de fe préfenter à cette Affemblée, & qu'on voulût bien les entendre.

L'ASSEMBLÉE ayant donné fon confentement, M. Lemaiftre, Curé de la Paroiffe de Saint-Laurent de la Ville de Grenoble, & M. Fufier, Curé de Chirens, font entrés, & M. Lemaiftre a dit, qu'ils étoient chargés, par un grand nombre de leurs Confrères, de préfenter à l'Affemblée un Mémoire contenant des proteftations ; il en a été fait lecture à haute voix. M. le Préfident a invité MM. Lemaiftre & Fufier à laiffer leur Mémoire fur le Bureau, pour y être délibéré, & ils fe font retirés ; le Mémoire étoit de la teneur fuivante :

» Meffieurs les Curés fouffignés, fe trouvant » actuellement à Romans, fupplient l'Affemblée » de confidérer, qu'en confiant leur Election » aux Bureaux Diocéfains, on les a privés du » droit d'élire librement leurs Repréfentans, » droit dont ils doivent jouir comme tous les

» autres Citoyens : qu'ainsi, ils sont fondés,
» tant en leur nom, qu'en celui d'un grand
» nombre d'autres Curés, dont ils ont les pou-
» voirs par écrit, à protester contre la nomina-
» tion qui a été faite par les Bureaux Diocé-
» sains, & contre toute induction qu'on voudroit
» en tirer à leur préjudice, espérant de Messei-
» gneurs & Messieurs du Clergé & des autres
» Ordres, qu'ils voudront bien arrêter que,
» dans toutes les Assemblées des Trois-Ordres
» ou Etats de la Province, les Curés ne pour-
» ront être représentés que par leurs Députés
» librement élus sous les yeux de leurs Supé-
» rieurs ; & les soussignés supplient encore l'Af-
» semblée d'agréer les témoignages de leur re-
» connoissance, & de déclarer que les Présentes
» seront insérées dans le Procès-Verbal. FAIT à
» Romans, le 10 Septembre 1788. *Signés, Doyat,*
» Curé de Saint-Martin-de-Miseré ; *Goubet,* Curé
» de la Mure ; *Josserand,* Curé de Valbonnois ;
» *Robert,* Curé de Crolles ; *Cousin,* Curé de
» Notre-Dame-de-Vaulx ; *Boisserand,* Curé de
» Saint-Aupre ; *Senaud,* Curé de Savel ; *Roche,*
» Curé de Saint-Martin-de-Cornillon ; *Granier,*
» Prieur-Curé de Parifet ; *Lemesire,* Curé de Saint
» Laurent-de-Grenoble ; *Bourgeat,* Curé de Vil-
» lard-Aimon, en Oysans ; *Perronnet,* Curé de
» Giere ; *Terry,* Curé de la Batie, Diocèse de

» Belley ; *Brochery*, Curé de Saint-Clair, Dio-
» cèfe de Vienne ; *Darmard*, Curé de Montmi-
» ral, Diocèfe de Vienne ; *Fuzier*, Curé de Chi-
» rens ; *Biguet*, Curé de Peyrins ; de *Crolars*,
» Curé de Mours, Diocèfe de Vienne ; *Char-*
» *bonnel*, Prieur-Curé d'Autichamp, Diocèfe de
» Valence ; *Clairfond*, Curé de Chabrillan, Dio-
» cèfe de Valence ; *Roux*, Prieur & Curé de la
» Chapelle-en-Vercors ; *Aurioufe*, Curé de Die
» & Archiprêtre ; *Bellier du Charmeil*, Curé de
» Saint-Ulalie, Diocèfe de Die ; *Bellier*, Curé de
» Laval-Saint-Mémoire, même Diocèfe ; *Allegre*,
» Prieur-Curé d'Omblefe, Diocèfe de Die; *Vernet*,
» Curé de Dieulefit ; *Chabrot*, Prieur - Curé de
» Bezaudun ; *Crouzon*, Curé de Château-Neuf-
» de-Mazenc, Diocèfe de Die ; *Meyffin* , Curé de
» Moretel en Dauphiné , Diocèfe de Lyon ;
» *Tournu* , Curé de Saint-Geoire-en-Valdeyne,
» Diocèfe de Vienne ; *Perrier*, Curé de Moras,
» même Diocèfe ».

LA matiere mife en délibération, MM. du
Clergé ont déclaré, qu'ils avoient eux-mêmes,
de leur propre mouvement, délibéré d'une manière conforme aux defirs de MM. les Curés,
& il a été unanimement arrêté par les Trois-
Ordres, qu'à l'avenir on ne pourroit admettre
dans les Etats ou Affemblées des Trois-Ordres,

comme Repréſentans de MM. les Curés, que les Députés qu'ils auroient librement élus ſous les yeux de leurs Supérieurs.

Il a enſuite été fait lecture de la liſte des trente-ſix Commiſſaires nommés hier dans les différens Ordres, après la Séance générale.

MM. *l'Evêque de Grenoble*, *l'Abbé de la Sal-cette*, *l'Abbé de Vangelas*, *le Commandeur de Ro-ſan*, *le Doyen de l'Egliſe de Vienne*, *Sollier*, *Député de l'Egliſe de Saint-Paul-Trois-Châteaux*, *le Marquis de Baronnat*, *le Marquis de Langon*, *le Chevalier du Bouchage*, *de Saint-Germain*, *le Chevalier de Murinais*, *le Marquis de Beauſſem-blant*, *de Tardivon*, *de Barratier*, *le Marquis de Blacons*, *fils*, *le Comte de Marſane*, *le Marquis de la Villette*, *le Marquis de Pina de Saint-Di-dier*, *Barthellemy-d'Orbane*, *Piat-Deſvial*, *Piſon-Dugalland*, *Chabroud*, *de Roſiere de Champagnieu*, *Hilaire*, *de Lacour-Dambéſieux*, *Champel*, *Guil-lermet*, *Blancard*, *Beranger*, *Didier*, *Bertrand de Montfort*, *Lagier-de-Lacondamine*, *Barnave*, *fils*, *de la Batie*, *Brun & Achard de Germane.*

M. Chabroud a dit que la Communauté de la Guillotiere eſt en inſtance au Conſeil de Sa Majeſté, pour réclamer la jouiſſance de tous les priviléges de la Province de Dauphiné, dont elle fait partie ; qu'elle eſpère que les Trois-Ordres

voudront bien protéger ſes réclamations &
qu'elle leur a député à cet effet les ſieurs Allard,
& Ferrand, leſquels ſupplient l'Aſſemblée de
leur permettre d'entrer.

Sur cette propoſition, il a été réſolu d'entendre les ſieurs Ferrand & Allard qui, ayant
été avertis, ſont entrés; & après avoir remis
leur pouvoir, ont ſupplié les Trois-Ordres
d'examiner leur Mémoire & leurs Pièces juſti-
ficatives.

Il a été auſſi-tôt délibéré que ce Mémoire
ſera laiſſé ſur le Bureau, ainſi que les Pièces qui
y ſont relatives; qu'elles ſeront remiſes aux
Commiſſaires pour en faire leur rapport à l'Aſſemblée; que les ſieurs Ferrand & Allard peuvent cependant aſſurer à leurs Commettans que
les Trois-Ordres ſont très-diſpoſés à protéger
leurs réclamations après l'examen de leurs Titres : & M. le Préſident ayant fait part aux ſieurs
Ferrand & Allard, de la réſolution qui vient
d'être priſe, ils ſe ſont retirés.

M. le Préſident a dit, qu'il ſeroit utile de
renvoyer à l'examen des Commiſſaires les objets contenus dans les Diſcours de M. l'Evêque
de Grenoble, ainſi que ſes proteſtations, &
celles de M. le Marquis de Maubec, ce qui a
été accepté par l'Aſſemblée.

MM. les Commandeurs de Malthe ayant été placés immédiatement après MM. les Grands-Vicaires délégués par les Archevêques & Evêques absens, ont déclaré protester à ce sujet, soutenant devoir être placés après les Prélats. Les Représentans des Archevêques & Evêques ont fait leurs protestations contraires.

Les Représentans des Cathédrales & Collégiales, & les Députés diocésains ont protestés contre la préséance prétendue par MM. les Commandeurs de Malte , qui se font placés au-dessus d'eux, & M. de Saint-Albin , Doyen de l'Eglise de Vienne, & Abbé Commandataire de l'Abbaye Royale d'Aulnay , & M. de Rachais , Doyen du Chapitre Noble de Saint-Pierre & de Saint-Chef , ont fait à cet égard des protestations particulières ; MM. les Commandeurs de Malte en ont fait de contraire.

Il a été délibéré que pour demander les opinions & compter les voix dans cette Assemblée, lorsqu'il n'y aura point de motif pour séparer les Ordres , on appellera un Membre du Clergé, deux de la Noblesse & trois du Tiers-Etat, & ainsi de suite.

M. le Président a indiqué la Séance prochaine.

chaine, à demain, à neuf heures du matin, &
a signé ;

† *J. G. Archev. de Vienne, Préfident,*

MOUNIER, *Secrétaire.*

---

*Du Vendredi, douze Septembre mil fept cent quatre-
vingt-huit, à neuf heures du matin.*

M. le Marquis de Blacons, fils, a dit qu'il a
été chargé par MM. les Commiffaires, de faire
le rapport des objets qui ont été difcutés dans
leur féance. Il a annoncé qu'ils ont formé trois
Bureaux, l'un qui doit s'occuper de préparer
les rapports & examiner les affaires générales;
un autre, qui doit plus fpécialement s'occuper
de la formation des Etats, & un troifième, pour
la rédaction du Procès-Verbal & la révifion particulière, avant de rendre compte à l'Affemblée. M. de Blacons a ajouté que ceux qui auroient des Mémoires fur les Etats ou fur d'autres objets, étoient invités à en faire part aux
Commiffaires, & que ceux-ci avoient penfé qu'il
feroit utile d'écrire une lettre au Roi, pour exprimer les fentimens de reconnoiffance des Trois
Ordres, & demander le prompt rétabliffement
des Tribunaux, dans toutes leurs fonctions, &
d'écrire une lettre à M. Neker, pour lui témoi-

G

gner la satisfaction qu'ont éprouvé les Trois-Ordres de cette Province, en apprenant son rappel au Ministère des finances.

Sur ce rapport, l'assemblée a approuvé la division des Bureaux, & a délibéré que les lettres proposées par MM. les Commissaires, seroient écrites, & qu'ils seroient priés de les préparer; il a été également délibéré, que lorsqu'il sera fait lecture de quelques Mémoires dans l'Assemblée, on ne pourra prendre aucune délibération sur les objets qui y seront contenus, sans renvoyer au lendemain, & qu'en conséquence, après leur lecture, ils seront remis aux Commissaires.

M. le Président a dit, qu'il étoit de la dernière importance qu'aucune des personnes qui composent cette assemblée, ne s'absentât de la Ville de Romans avant d'en avoir prévenu & d'avoir fait connoître leurs motifs; sur quoi il a été délibéré que lorsqu'on auroit des motifs indispensables pour s'absenter, on seroit obligé d'en faire part à M. le Président, ou au plus ancien de chaque Election, qui lui en rendroit compte.

M. l'Evêque de Grenoble a remis sur le Bureau la copie du discours qu'il a prononcé dans

la première Séance, pour être inférée dans le
Verbal, ainſi que l'Aſſemblée a bien voulu lui
en témoigner le deſir.

CE diſcours eſt de la teneur ſuivante :

MESSIEURS,

» DANS ce moment où les Trois-Ordres ſont
» raſſemblés pour les intérêts les plus précieux
» de la Province, notre premier mouvement eſt
» de jeter les yeux ſur elle. Nous avons des
» motifs d'eſpérance, mais ils ne peuvent en-
» core avoir fait diſparoître toute agitation &
» toute juſte inquiétude. De quelle utilité pour-
» roient être nos efforts ſans le retour entier
» & préalable du calme & de la paix. Nous
» devons chercher à inſpirer la confiance, ſen-
» timent néceſſaire pour opérer le bien. Quel
» droit pourrions-nous y prétendre par un ſi-
» lence qui, dans la criſe violente où nous ſom-
» mes encore, pourroit être enviſagé comme
» une coupable ſécurité.

» SANS doute nous avons à offrir au Roi
» l'aſſurance de notre reſpect, de notre amour
» & de notre zèle pour ſeconder ſes vues bien-
» faiſantes ; mais nous trahirions ſa confiance ſi
» nous héſitions à lui faire connoître le malheur
» de ſon peuple, & combien il devient chaque

G 2

» jour plus preffant de lui porter fecours. Le
» plus digne hommage que doive au Roi notre
» reconnoiffance, c'eft celui de la vérité. Nous
» avons à efpérer qu'elle n'éprouvera plus d'obf-
» tacle.

» Douze Membres de la Nobleffe de Bretagne,
» raffurés par une confiance inébranlable dans
» la bonté du Roi, & par l'efpérance que leurs
» Concitoyens parviendront à éclairer fa juftice;
» fiers de leurs propres fentimens, de la récla-
» mation publique de la Nobleffe du Dauphiné,
» & de fe voir les victimes de leur dévouement
» aux droits de leur patrie, font encore dans
» les fers comme des criminels d'Etat. M'hono-
» rant d'être leur compatriote, je me félicite,
» Meffieurs, de pouvoir être ici l'interprête &
» le garant de la reconnoiffance qu'ils ne peu-
» vent vous témoigner : j'aime à augurer que
» dans ce moment même, ce ne font déjà plus
» des réclamations & des doléances, mais des
» actions de graces que nous avons à préparer
» en leur faveur.

» Le fort des droits & priviléges de la Pro-
» vince eft encore en fufpens. Le filence forcé
» des Tribunaux eft une fource de confufion &
» de défordre ; c'eft une calamité publique. La
» fraude eft enhardie par l'impunité ; les con-
» teftations entre les Citoyens reftent indé-

» cifes, fans efpoir de dédommagemens ; les pro-
» priétés font en fouffrance, ou dans une réelle
» inquiétude, on pourroit même en avoir fur
» fa fûreté perfonnelle ; les prifons regorgent ;
» point de Tribunaux pour punir ou pour ab-
» foudre ; l'innocence peut y être entaffée avec
» le crime, elle n'a plus les mêmes moyens pour
» fe faire reconnoître ; fa voix ne peut plus fe
» faire entendre, fans doute nous lui devons la
» nôtre.

» LA promeffe des Etats-Généraux, promeffe
» authentique, dont la France entière s'eft em-
» preffée de fe faifir ; le rétabliffement de nos
» Etats Provinciaux ; le rappel heureux d'un
» nouveau Miniftre que le public fe plaît à ho-
» norer de fon eftime & de fa confiance, tout
» femble devoir nous encourager & nous faire
» efpérer le prompt retour de la Juftice, & la
» furveillance journalière des Loix confiées à
» des Magiftrats que la Nation réclame ; c'eft
» alors que notre reconnoiffance, pour le Sou-
» verain que nous aimons, n'aura plus à con-
» noître de bornes, & que nous verrons enfin
» des jours calmes fuccéder à des temps ora-
» geux dont il n'y eut jamais d'exemple.

» JE croirois donc, MONSEIGNEUR & Mef-
» fieurs, que nous pourrions charger une Com-
» miffion de s'occuper d'une lettre au Roi, qui

» exprimeroit avec toute la force de la vérité,
:: avec refpect & avec confiance, les`fentimens
» dont nous fommes pénétrés ; lorfqu'elle auroit
» eu l'aveu de l'Affemblée, elle pourroit être
» remife entre les mains de MM. les Commif-
» faires du Roi; je crois leur rendre un hom-
» mage digne d'eux, en ne me permettant pas
» de douter qu'ils s'emprefferoient de la faire
» parvenir avec célérité, & de l'appuyer avec
» zèle & de tout leur crédit ».

LA Séance a été renvoyée à demain, à dix
heures du matin, & M. le Préfident a figné :

† *J. G. Archev. de Vienne, Préfident.*

MOUNIER, *Secrétaire.*

*Du Samedi, treize Septembre mil fept cent quatre-
vingt-huit, à dix heures du matin.*

M. le Marquis de Blacons, fils, a dit que MM.
les Commiffaires fe font occupés de la rédaction de la lettre au Roi, & d'une lettre à M.
Necker, mais qu'elles ne pourront être lues que
dans la première Séance.

M. le Préfident a invité tous les Membres de
l'Affemblée à fe rendre à une Meffe du Saint Ef-

prit, qui feroit célébrée demain, à dix heures du matin, dans la préfente Eglife.

Il a été arrêté qu'on affifteroit à cette Meffe en Corps d'Affemblée.

M. le Préfident a renvoyé la Séance à fix heures de relevée de ce jour, pour entendre la lecture de la lettre écrite à Sa Majefté, & de celle écrite à M. Necker, & il a figné ;

† *J. G. Archev. de Vienne*, *Préfident.*

MOUNIER, *Secrétaire.*

───────────────────

Dudit treize Septembre mil fept cent quatre-vingt-huit, à fix heures du foir.

ON a fait lecture des lettres dont la teneur fuit :

SIRE,

DE grands malheurs font quelquefois le fignal des plus heureufes révolutions. L'excès des abus rappelle fouvent à ces règles primitives, qui furent créées pour les prévenir : c'eft dans les crifes de l'Etat qu'un bon Prince, un Peuple fidèle apprennent à s'entendre mutuellement, & trouvent dans l'union de leurs volontés, la fource du bonheur des hommes & la profpérité des Nations.

G 4

Votre Province de Dauphiné éprouve encore les effets des innovations qui l'ont alarmée ; mais vous avez été sensible à ses plaintes, vous avez cherché la vérité dans le vœu réuni de ses Citoyens. Pourroit-elle douter du succès prochain que lui garantit votre justice, & seroit-ce le moment de s'appesantir sur des événemens, qui bientôt ne se retraceront plus que par le souvenir des vertus développées dans le sein de Votre Majesté, & de l'éclatante fidélité dont nous avons donné les preuves ?

La promesse donnée d'assembler incessamment les Etats-Généraux du Royaume, la convocation prochaine de ceux du Dauphiné, & la Province occupée à délibérer sur leur formation, tous les abus prêts à s'évanouir, toutes les espérances justifiées par la présence d'un Homme qui fait oublier à la France, pour la seconde fois, qu'il n'a pas reçu le jour dans son sein ; il ne nous reste qu'à supplier Votre Majesté de presser le moment où nous n'aurons à vous offrir que des actions de grâces.

Vous avez reconnu ces droits imprescriptibles, qui cimentèrent l'union entre vos aïeux & nos pères ; vous avez fait revivre ces anciennes maximes qui servirent de fondement au plus majestueux des Empires, qui créèrent votre puissance, qui firent notre gloire, notre bonheur, & peut-être jusqu'à nos vertus.

Gardons-nous, SIRE, d'en perdre jamais la mémoire; hâtons-nous, dès ce moment, d'en recueillir les fruits heureux; & puisque votre Province de Dauphiné est la seule qui puisse aujourd'hui vous faire connoître ses vœux, permettez qu'elle vous présente sur ces grands objets, l'expression de ses sentimens & le tribut de ses pensées.

Dès les premiers siecles de la Monarchie, des principes puisés dans le caractère d'une Nation également fière & fidelle, posèrent des bornes au pouvoir, & concilièrent la majesté des Rois avec la liberté des hommes.

Le cahos du régime féodal fit oublier quelques tems leurs droits respectifs, mais il ne put les anéantir.

Les anciennes formes reparurent avec l'établissement des Communes; toutes les classes de Citoyens, en devenant immédiatement les sujets du Roi, rentrèrent dans l'exercice des droits primitifs, & réunirent leurs vœux dans des assemblées générales. On vit renaître à la fois l'autorité du Monarque & la liberté des sujets. Le Prince, trop long-temps réduit aux simples prérogatives de la suzeraineté, reprit par degrés l'exercice du pouvoir souverain, & son domaine ne suffisant plus aux frais d'une administration universelle & compliquée, la libre concession de l'Impôt, s'établit naturellement entre le Peuple, propriétaire, & le Prince, adminiftrateur.

Ce droit fut conftamment exercé par les affemblées nationales.

Ainſi, du fein du gouvernement féodal, naquit une magnifique conftitution; un Roi légiflateur; une Cour, organe fuprême & dépofitaire des Loix, & l'affemblée nationale, en qui réfide exclufivement le droit d'accorder les fubfides, & de fanctionner les Loix nouvelles.

La volonté active, SIRE, & la puiffance de faire les loix, furent réfervées à vous feul; à la Nation, le libre confentement; aux Magiftrats de prononcer les loix établies.

Sous ces formes auguftes, SIRE, on voyoit la plus heureufe harmonie préfider aux délibérations. Raffemblée autour de fon Roi, la Nation jouiffoit également du bonheur de le connoître & de celui d'en être connue. Le Prince & le Peuple traitant enfemble fans médiateur, ne laiffoient point entr'eux de place pour la calomnie; le Peuple reſtoit libre en obéiffant à des loix faites fous fes yeux, & le Prince ne rencontroit point d'obſtacle à des volontés préparées au milieu des acclamations nationales.

SIRE, c'eſt avec une femblable conftitution que la Province de Dauphiné fut tranſmife en-

suite à vos aïeux, & les principaux articles de
ses privileges sont la répétition des grandes maximes du Gouvernement François.

Sa Cour souveraine & ses Etats lui furent
conservés comme partie intégrante de sa constitution. Les loix, pour y être exécutées, durent
être déposées dans ses registres particuliers; ses
Citoyens ne durent point être distraits de leurs
Juges constitutionnels; les subsides & les nouvelles
loix n'y purent être introduits sans le consen-
tement de ses Etats.

Heureuse la Nation Françoise! heureuse la Province de Dauphiné, si ces précieuses institutions
n'eussent jamais été confiées qu'à la garde du
Prince & du Peuple également intéressés à les
maintenir!

Mais un pouvoir étranger cherchoit à s'établir sur leur désunion, & s'interposa pour les
diviser. Des Ministres ambitieux enlevèrent aux
sujets la confiance de leur Roi, pour s'en em-
parer exclusivement, attaquèrent la constitution
pour substituer aux loix leurs inconstantes volontés.

Leur premier attentat, SIRE, fut d'enlever à
la Nation la libre expression de ses vœux; au
Roi, ses vrais Conseillers; au Peuple, ses Représentans: c'est dans ces vues qu'ils cessèrent, au
commencement du siecle dernier, d'assembler les

Etats-Généraux du Royaume, & qu'ils fufpen=
dirent bientôt après ceux de la Province de Dauphiné.

Dans ce filence forcé du Peuple , dans cet
oubli de la conftitution, les Magiftrats fe trou-
vèrent les feuls qui puffent défendre les droits
de la Nation. Ils s'opposèrent à l'altération de
fes loix, & nous leur en devons des actions de
grâces : ils accordèrent pour elle des fubfides,
& l'aveu folemnel de cette erreur les en a feul
juftifiés.

Et cependant, SIRE, c'eft pour cet aveu, c'eft
pour la noble franchife à laquelle votre royaume
doit aujourd'hui l'efpoir de fa reftauration, qu'on
a tenté de les anéantir, & d'enfevelir avec eux
les derniers fondemens de nos libertés.

Avec quels fentimens rappellerons-nous cet
enchaînement de maux, cette crife violente où
nous avons vu perfécuter publiquement le patriotifme & l'honneur; provoquer l'intérêt particulier; confommer la ruine des finances, &
bleffer la majefté du Trône, jufqu'à lui faire
oublier fes engagemens.

Pénétrés, SIRE, jufqu'au fond de nos cœurs,
du fentiment de vos vertus, livrés avec la plus
profonde confiance à votre juftice enfin éclai-
rée, nous détournons nos yeux de ces fcènes
d'effroi; nous ofons attendre dans l'avenir des

dédommagemens égaux à tous les maux que nous avons soufferts; mais daignez, SIRE, daignez effacer promptement les traces qui nous les rappellent.

Si, lorsque ces plaintes parviendront à Votre Majesté, quelqu'un de vos fidèles sujets languit encore dans votre disgrace: si d'indignes fers retiennent encore ces courageux Magistrats, ces fidèles Bretons, punis pour avoir voulu porter jusqu'à vous la vérité que vous vouliez entendre, rendez-leur promptement la liberté que réclament pour eux les loix dont vous êtes le protecteur; accordez-leur le juste prix de tant de maux & de tant de vertus, & faites disparoître à jamais l'abus trop long-tems toléré, dont ils ont été les victimes.

SIRE, la Nation attend avec impatience le moment où, délivrée de toutes ses alarmes, elle pourra se livrer, sans trouble, au sentiment qui l'attache à votre personne.

Faites disparoître des loix dont le retrait peut seul ramener la sécurité; rendez à la Nation, rendez-nous cet ordre antique de jurisdiction; ces Magistrats, ces Tribunaux, qui font une propriété de votre Peuple, une partie essentielle de ses droits, & qui ne sauroient subir de changemens sans sa participation.

Nos Etats vont être convoqués, & Votre

Majefté n'attend que notre vœu fur la nouvelle forme qu'ils doivent recevoir ; mais l'intérêt de la Nation, mais notre propre intérêt, nous obligent à vous fupplier de hâter le moment où ceux du Royaume feront raffemblés.

C'eft là, SIRE, & là feulement que nous pourrons vous offrir le facrifice de nos propriétés & les plus éclatantes preuves de notre dévouement.

Il importe au bonheur public, à votre Peuple, à Votre Majefté, que les Provinces foient adminiftrées, que leurs Impôts foient repartis, que leurs privilèges foient défendus par leurs Etats particuliers; mais les vrais principes de la Monarchie, l'intérêt de l'Etat & la majefté du Trône & de la Nation, exigent impérieufement que les délibérations générales, & furtout l'octroi de l'Impôt, foient exclufivement réfervés aux Etats-Généraux du Royaume.

Ces principes ont été manifeftés dans des actes émanés de Votre Majefté. Daignez, SIRE, nous faire promptement jouir des avantages qu'ils nous promettent : environnée d'un grand nombre de repréfentans, librement élus par toutes les Provinces du Royaume, Votre Majefté réunira le zèle & les lumières de tous les ordres de l'Etat, & la Nation abandonnera, fans danger, toute fa confiance à des repréfentans, dont l'élection libre aura fondé le droit, épuré la compofition, & dont le grand nombre confondra dans l'intérêt commun & général, le trop dangereux afcendant des intérêts particuliers.

Nous fommes, avec un profond refpect,

    SIRE,

De Votre Majefté,

        Les très-humbles, très-obéiffans & très-fidèles Sujets & Serviteurs, LES TROIS-ORDRES DE LA PROVINCE DE DAUPHINÉ.

Signé, † J. G. *Archev. de Vienne*, *Préfident*.

        MOUNIER, *Secrétaire*.

LETTRE écrite à M. NECKER, par les Trois-Ordres de la Province de Dauphiné, affemblée à Romans, le 14 Septembre 1788.

    MONSIEUR,

LA Nation étoit dans les alarmes, elle touchoit à fa ruine, lorfqu'un Roi jufte vous rappelle ; cet événement a été feul une grande révolution : au deuil profond qui régnoit dans tout le Royaume, ont fuccédé la joie & les acclamations univerfelles.

Les Trois-Ordres de la Province de Dauphiné reçoivent la récompense de leur respectueuse fermeté, en vous voyant reprendre l'administration des finances, que pour le bonheur des François vous n'auriez jamais dû quitter. Le passé nous apprend assez ce que nous devons espérer de l'avenir : vous avez toujours pris pour guide l'opinion publique ; c'est d'elle seule que vous attendez les éloges qui vous sont dus. Jouissez, Monsieur, de votre gloire. Jamais un Ministre ne fut honoré, comme vous l'êtes aujourd'hui , du témoignage flatteur de l'estime & de la reconnoissance des Trois-Ordres d'une Province.

Nous avons l'honneur d'être,

MONSIEUR,

Vos très-humbles & très-obéissans Serviteurs, LES TROIS - ORDRES DE LA PROVINCE DE DAUPHINÉ.

Signé, † J. G. *Archev. de Vienne*, *Président.*

MOUNIER, *Secrétaire.*

M. le Président a indiqué la séance suivante au 15 de ce mois, à dix heures du matin, & a signé :

† J. G. *Archev. de Vienne*, *Président.*

MOUNIER, *Secrétaire.*

Du

Du Dimanche, quatorze Septembre mil sept cent quatre-vingt-huit, sur les dix heures du matin.

L'ASSEMBLÉE s'est réunie dans l'Eglise des RR. PP. Cordeliers; le Secrétaire a été députe à MM. les Commissaires du Roi, pour les avertir qu'ils étoient attendus; ils ont été reçus à l'entrée de l'Eglise par les Religieux célébrans, revêtus de leurs ornemens, & ont assisté à la Messe du Saint-Esprit, ainsi que l'assemblée. M. le Président a signé :

    † J. G. *Archev. de Vienne, Président.*

        MOUNIER, *Secrétaire.*

Du Lundi quinze Septembre mil sept cent quatre-vingt-huit.

LE Secrétaire a fait lecture du Procès-verbal.

Il a été arrêté qu'à l'avenir on lira dans chaque séance le Procès-verbal de la séance précédente.

M. le Marquis de Blacons, fils, a dit : « Messieurs, j'ai l'honneur de présenter à l'assemblée le vœu unanime de deux cent dix-neuf

H

» gentilshommes & de plusieurs membres du
» Clergé, sur la corvée ; il a été reconnu
» juste que l'Imposition qui doit la remplacer,
» fût supportée par les Trois-Ordres, & con-
» formément à la transaction de 1554 ».

» Il paroît nécessaire de confirmer le vœu
» pour montrer toujours plus l'union de prin-
» cipes & d'intérêts des Trois-Ordres de cette
» Province ».

MM. de l'Ordre du Clergé ont déclaré unanimement adhérer au vœu de MM. de la Noblesse,
& en conséquence il a été arrêté que les corvées,
pour la construction & entretien des chemins,
seront irrévocablement abolies & remplacées
par une contribution en deniers, sur les Trois-
Ordres, conformément à la transaction du 6
Février 1554.

MM. du Tiers-Etat ayant conféré entr'eux,
l'un d'eux a dit : « MESSIEURS, je suis chargé
» par mon Ordre de vous renouveller ses remer-
» cimens ; il n'oubliera jamais votre empressement
» à lui rendre justice ».

MM. du Clergé & de la Noblesse ont répondu
par des applaudissemens.

M. le Président a dit qu'il falloit renvoyer la

premiere féance à mercredi, 17 de ce mois, à dix heures du matin, afin de laisser aux Commissaires le tems de s'occuper d'un plan pour une nouvelle formation des Etats, ce qui a été accepté par l'Assemblée, & M. le Président a signé.

† J. G. Archev. de Vienne, Président.

M O U N I E R, Secrétaire.

Du Mercredi, dix-sept Septembre mil sept cent quatre-vingt-huit, à neuf heures du matin.

LE Secrétaire a fait lecture du Procès-verbal de la Séance précédente.

M. Pison-du-Galand a dit: « qu'il a été chargé
» par MM. les Commissaires de rendre compte
» à l'Assemblée des objets dont ils se sont occu-
» pés ; après avoir présenté quelques observa-
» tions générales sur les fonctions des Etats, il a
» invité l'Assemblée à délibérer sur le nombre
» des personnes qui doivent la composer, sur la
» somme qu'on doit leur accorder pour les in-
» demnifer des frais de voyage & de séjour, &
» sur les qualités nécessaires pour être élu : il a
» annoncé que les Commissaires ayant examiné
» ces diverses questions, se sont arrêtés au

H 2

» nombre de cent quarante-quatre; qu'ils ont
» penfé que les Membres des Etats qui ne fe-
» roient pas employés dans la Commiffion inter-
» médiaire, ne doivent avoir que fix livres par
» jour, & feulement pendant l'efpace d'un mois,
» lors même que la tenue des Etats feroit pro-
» rogée au-delà de ce terme; que pour être éli-
» gible, il faut être âgé de vingt-cinq ans accom-
» plis, & payer cinquante livres d'impofitions
» réelles ».

La matière mife en délibération, il a été arrêté
que les Membres des Etats feront au nombre de
cent quarante-quatre, c'eft-à-dire, de vingt-quatre
perfonnes de l'Ordre du Clergé, quarante-huit de
celui de la Nobleffe, & de foixante-douze de
celui du Tiers.

L'Affemblée confidérant que fi l'on n'accor-
doit aucune indemnité aux Membres des Etats,
on pourroit en exclure de bons Citoyens, à qui
la médiocrité de leur fortune ne permettroit pas
de faire le facrifice des frais de voyage & de
féjour; que cependant il eft de la plus grande
importance que l'indemnité n'excède point leurs
dépenfes ordinaires.

Il a été arrêté que, à l'exception des Officiers
& de ceux qui compoferont la Commiffion inter-

médiaire, lesquels auront un traitement particulier, tous les Membres des Etats recevront, sans distinction, six livres par jour pendant tout le tems de leur tenue, sous la réserve néanmoins que cette somme cessera d'être payée après trente jours, y compris le tems du voyage & du retour, quoique les Etats n'eussent pas encore terminé leurs Séances.

Il a été de plus arrêté que nul ne sera admis aux Etats, qu'il n'ait atteint la majorité, c'est-à-dire qu'il ne soit âgé de vingt-cinq ans accomplis.

MM. de la Noblesse ont déclaré qu'avant de délibérer sur la quotité de charges réelles, nécessaires pour être éligible, ils desirent d'en conférer entr'eux, & d'assembler leur Ordre séparément pour cet objet, sauf à en référer ensuite dans l'Assemblée générale.

M. le Président a indiqué la Séance prochaine à demain 18, à quatre heures du soir, & a signé.

† J. G. *Archev. de Vienne, Président.*

MOUNIER, *Secrétaire.*

H 3

Du Jeudi, dix-huit Septembre, à quatre heures de relevée.

LE Secrétaire a fait lecture du Procès-verbal de la Séance précédente.

Un de MM. les Commiſſaires ayant fait part à l'Aſſemblée de pluſieurs obſervations ſur les qualités qui ſeront néceſſaires pour être admis aux Etats, les deux premiers Ordres ont deſiré de s'aſſembler ſéparément, pour s'occuper de ce qui peut les intéreſſer particuliérement dans la nouvelle conſtitution des Etats, ſauf à référer enſuite à l'aſſemblée générale.

En conſéquence, M. le Préſident a renvoyé la Séance à Samedi, 20 Septembre, à dix heures du matin, & il a ſigné.

† J. G. *Archev. de Vienne, Préſident.*

MOUNIER, *Secrétaire.*

Du Samedi, vingt Septembre mil ſept cent quatre-vingt-huit, à dix heures du matin.

LE Procès-verbal de la Séance précédente a été lu par le Secrétaire.

Plufieurs objets relatifs au plan des Etats ont été examinés & difcutés dans l'Affemblée.

M. le Préfident a indiqué la Séance prochaine à Lundi 22, à neuf heures du matin, & il a figné.

† J. G. *Archev. de Vienne, Préfident.*

MOUNIER, *Secrétaire.*

———————————————

Du Lundi, vingt-deux Septembre mil fept cent quatre-vingt-huit, fur les neuf heures du matin.

IL a été fait lecture du procès-verbal de la derniere Séance.

Enfuite M. Hilaire, l'un de MM. les Commiffaires, a fait le rapport de l'affaire du fauxbourg de la Guillotiere, que l'Affemblée a renvoyé à leur examen; il a dit que ce fauxbourg eft en inftance au Confeil de Sa Majefté contre les Prévôt & Echevins de la Ville de Lyon.

« Que dans cette inftance les Habitans de la » Guillotiere demandent l'exécution de plufieurs » Arrêts rendus au Confeil, au Parlement & à » la Cour des Aides de Paris, qui déclarent ou » préfuppofent que le fauxbourg de la Guillo-

H 4

» tiere & tout le mandement de Bechevelin dé-
» pendent du Dauphiné, & la réparation de deux
» Arrêts contraires du Confeil, qu'ils difent
» avoir été furpris par la Ville de Lyon, les 11
» Décembre 1725 & 7 Septembre 1734.

» Que, fuivant le mémoire de ces Habitans,
» & même d'après les monumens hiftoriques de
» notre Province, le fauxbourg de la Guillo-
» tiere, jufqu'en 1722, a toujours fait partie du
» Dauphiné, qu'il a été foumis jufqu'alors à la
» jurifdiction de fes Tribunaux, & paie encore
» les droits d'entrée & de fortie, comme les
» autres Forains.

» Que les Habitans de la Guillotiere, à qui
» l'on fait fupporter aujourd'hui les charges de
» la Ville de Lyon, n'ont aucun repréfentant
» dans fon adminiftration, de manière qu'ils
» font tout-à-la-fois traités comme Etrangers &
» comme Citoyens; qu'ils réclament, à ce fujet,
» la protection des Trois-Ordres de la Province;
» qu'ils n'ont pu mettre fous les yeux de l'Af-
» femblée les titres rappellés dans leurs mémoi-
» res, & énoncés dans un Arrêt du Confeil, du
» 12 Février dernier, lequel ordonne un foit-
» communiqué à la Ville de Lyon, puifque ces
» mêmes titres font employés dans l'inftance.

» Que les Commiffaires ont penfé que les
» Habitans de la Guillotiere n'auroient pu valâ-

» blement être féparés du Dauphiné & privés
» de la jouiffance de fes privilèges, fuivant lef-
» quels nul Dauphinois ne peut être diftrait de
» fa jurifdiction ; qu'on n'auroit pu prononcer
» fans avoir entendu la Province ; que cependant
» le défaut de production des titres doit engager
» l'Affemblée à renvoyer le plus ample examen
» de cette affaire aux Etats, & à écrire au Mi-
» niftre des finances, pour obtenir la furféance
» des pourfuites de la Ville de Lyon, jufqu'à la
» convocation des Etats ».

La matière mife en délibération, l'Affemblée,
d'après les motifs énoncés dans le rapport, a déclaré renvoyer le plus ample examen de cette
affaire aux Etats qui protégeront les réclamations
des Habitans de la Guillotiere, & interviendront
au procès s'il y échcoit ; & néanmoins, il a été
arrêté qu'une lettre feroit adreffée au Miniftre
des finances, pour obtenir la furféance de l'inftance dont il s'agit, pendant trois mois, à compter du jour de la première convocation aux
Etats.

M. le Préfident a dit qu'un feul jour fuffiroit à
MM. les Commiffaires pour achever entiérement
le projet du plan de la nouvelle formation des
Etats de la Province, & il a indiqué la Séance

prochaine à Mercredi 24, à neuf heures du matin, & il a signé.

† J. G. *Archev. de Vienne, Président.*

MOUNIER, *Secrétaire.*

Du Mercredi, vingt-quatre Septembre mil sept cent quatre-vingt-huit.

LE Secrétaire a fait lecture du Procès-verbal de la Séance précédente; ensuite il a lu le plan proposé par MM. les Commissaires.

M. le Président a dit qu'on fera distribuer aujourd'hui, parmi les Membres de l'Assemblée, des copies de ce plan, afin que chacun puisse préparer les observations qu'il croira utiles; que cependant on peut mettre actuellement en délibération si les Membres des Etats doivent y rester trois ans, & un tiers sortir chaque année, ou s'ils doivent y rester quatre ans, & la moitié sortir tous les deux ans.

L'Assemblée a arrêté que les Membres des Etats doivent y rester quatre ans, & être renouvellés par moitié de deux ans en deux ans.

M. le Président a indiqué la Séance prochaine à

demain Jeudi 25, à neuf heures du matin, & a signé.

†·J. G. *Archev. de Vienne*, *Préſident.*

MOUNIER, *Secrétaire.*

Du Jeudi, vingt-cinq Septembre mil ſept cent quatre-vingt-huit, à neuf heures du matin.

LE Secrétaire a fait lecture du Procès-verbal de la Séance précédente.

Pluſieurs articles du plan propoſé par MM. les Commiſſaires ont été relus, diſcutés & arrêtés.

M. le Préſident a renvoyé la Séance à quatre heures de relevée, & il a ſigné.

† J. G. *Archev. de Vienne*, *Préſident.*

MOUNIER, *Secrétaire.*

Du même jour, vingt-cinq Septembre mil ſept cent quatre-vingt-huit, à quatre heures de relevée.

L'ASSEMBLÉE continuant de délibérer ſur le plan projeté, a arrêté pluſieurs articles.

M. le Préſident a indiqué la Séance prochaine à demain Vendredi 26 Septembre, à neuf heures du matin, & il a ſigné.

† J. G. *Archev. de Vienne*, *Préſident.*

MOUNIER, *Secrétaire.*

Du Vendredi, vingt-six Septembre mil sept cent quatre-vingt-huit, à neuf heures du matin.

LE Secrétaire a fait lecture du Procès-verbal de la Séance précédente, il a également fait lecture de la lettre qui doit être écrite à M. Neker, & qui a été approuvée par l'Assemblée ; elle est de la teneur suivante :

Romans , le 26 Septembre 1788.

MONSIEUR,

« Les Trois-Ordres de la Province de Dau-
» phiné ont l'honneur de vous adresser la Déli-
» bération qu'ils viennent de prendre en faveur
» du fauxbourg de la Guillotiere ; ils vous prient
» d'en rendre compte au Roi, & d'obtenir, par
» vos bons offices, de la justice de Sa Majesté, la
» suspension des poursuites de la Ville de Lyon,
» & du jugement de l'instance au Conseil, jus-
» qu'à la prochaine convocation des Etats de la
» Province.

» Les Etats chargés par les Trois-Ordres de
» l'examen des réclamations du fauxbourg de la
» Guillotiere, & des titres qui les justifient, s'en
» occuperont incessamment ; & la surséance que
» la Province espère obtenir par votre média-

» tion, vous acquerra, MONSIEUR, de nouveaux
» droits à fa reconnoiffance ».

NOUS avons l'honneur d'être,

MONSIEUR,

Vos très-humbles & très-
obéïffans ferviteurs, LES
TROIS-ORDRES DE LA
PROVINCE DE DAU-
PHINÉ.

Signé, † J. G. *Archev. de Vienne*, *Préfident.*

MOUNIER, *Secrétaire.*

ENSUITE l'Affemblée a continué l'examen du
projet pour une nouvelle formation des Etats de
Dauphiné, & en a arrêté plufieurs articles.
M. *Duchefne*, Avocat au Parlement, que diverfes
circonftances ont empêché de fe rendre plutôt à
Romans, a affifté à la Séance ci-deffus, en qualité
de Député des Communautés de *Peyre* & *de
Saint Pierre*, dans l'Election de Gap; M. *Gaud*,
Avocat, Député des Communautés de *Rochegude*, dans les Baronnies, a préfenté la Délibération par laquelle elle adhère à tout ce qui fera
réfolu par l'Affemblée.

M. le Préfident a renvoyé la féance à quatre
heures de relevée, & il a figné.

† J. G. *Archev. de Vienne*, *Préfident.*

MOUNIER, *Secrétaire.*

Dudit jour, vingt-six Septembre mil sept cent quatre-
vingt-huit, à quatre heures de relevée.

L'ASSEMBLÉE ayant repris Séance, a arrêté
plusieurs articles du projet présenté par MM. les
Commissaires.

M. le Président a indiqué la Séance prochaine
à demain 27 Septembre à neuf heures du matin,
& a signé.

† J. G. *Archev. de Vienne, Président.*

MOUNIER, *Secrétaire.*

Du Samedi, vingt-sept Septembre mil sept cent
quatre-vingt-huit, à neuf heures du matin.

LE Secrétaire a lu le Procès-verbal de la Séance
précédente.

M. le Comte de Morges, Président de l'Ordre
de la Noblesse, a dit : » Vous connoissez déjà,
» MESSIEURS, les qualités éminentes qui distin-
» guent M. de Delley-d'Agier, Maire de cette
» Ville.
» La Province entière a rendu justice au zele

» actif & aux lumières de ce Gentilhomme.

« Patriote généreux, sa vie, depuis vingt ans,
» est une suite d'actions utiles à la chose publi-
» que, & ses services militaires, comme tous
» les instans de sa retraite, depuis que sa santé
» l'a forcé de la demander, ont été marqués par
» cet amour du bien qui caractérise les belles
» ames.

« Laisseriez-vous, MESSIEURS, sans un témoi-
» gnage de votre haute satisfaction, tout ce qu'a
» fait pour la Patrie & pour chacun de Vous en
» particulier, ce vertueux Citoyen, & n'ap-
» prouveriez-vous pas que nous priassions MM.
» les Commissaires du Roi de s'unir à nous pour
» solliciter, en sa faveur, auprès de Sa Majesté,
» le cordon de son Ordre » ?

La proposition faite par M. le Comte de Morges, a été acceptée par acclamations.

M. l'Archevêque de Vienne, Président des
Trois-Ordres, a dit que le plus grand nombre
des articles du plan proposé pour une nouvelle
formation des Etats, étant maintenant arrêtés,
il seroit convenable d'envoyer une députation à
MM. les Commissaires du Roi, pour les saluer
de la part de l'Assemblée, & leur annoncer que la
clôture de ses Séances pourroit être prochaine.
Il a nommé M. l'Abbé de la Salcette, M. le Mar-

quis de Maubec, M. le Comte de Bally, M. Barthellemy-d'Orbanne, M. d'Ambefieu & M. Chabroud.

Les Députés étant revenus, M. l'Abbé de la
Salcette a rapporté que MM. les Commiffaires du
Roi ont témoigné combien ils font fenfibles à
l'attention de l'Affemblée, & qu'ils font prêts à
faire la clôture des Séances, dès qu'on leur en
fera connoître le defir.

M. de Delley-d'Agier s'eft avancé au milieu
de l'Affemblée, & a dit : « MESSIEURS, il
» m'eft impoffible de vous exprimer, comme
» je le devrois, l'excès de ma fenfibilité pour
» toutes les marques de bonté dont vous m'avez
» honoré; je ferai trop heureux, fi ma vie en-
» tière, confacrée à vous témoigner ma recon-
» noiffance, peut vous convaincre de toute fon
» étendue, ainfi que de mon profond refpeft pour
» votre augufte Affemblée ».

On a difcuté les derniers articles du plan propofé pour une nouvelle formation des Etats de
la province; & après en avoir achevé l'examen,
l'Affemblée a jugé convenable de fixer, par des
Arrêtés particuliers, plufieurs principes impor-
tans, auxquels elle veut refter fidelle, & qui
doivent fervir de bafe à la nouvelle conftitution
des Etats.

Confidérant

Confidérant que le Dauphiné a toujours joui du droit de fe réunir en Corps de Province, dans des Affemblées formées par le Clergé, le Corps de la Nobleffe & les Députés de chaque Communauté.

Que l'Affemblée actuelle eft une repréfentation plus nombreufe & plus directe de la Province, que ne pourra l'être celle des Etats; qu'elle eft plus effentiellement la réunion des Trois-Ordres; que les Etats n'étant que leurs mendataires, ne doivent jamais excéder les pouvoirs qui vont leur être confiés, ni faire aucun changement à leur conftitution, fans le concours d'une pareille Affemblée.

Que l'effence de toute véritable repréfentation eft le libre choix de ceux qui doivent être repré-fentés; que la même liberté de fuffrages doit diriger la nomination de toutes les places dans les Etats, même de la Préfidence; qu'on ne fauroit s'arrêter aux proteftations de M. l'Evêque de Grenoble, ni à celles de M. le Marquis de Maubec; qu'en fuppofant même que les prétendus droits qu'ils réclament, euffent pu faire partie de l'an-cienne conftitution des Etats, Sa Majefté voulant bien autorifer tous les changemens qui pourront la rendre plus avantageufe, l'élection libre de toutes les places feroit le changement le plus im-

portant & le plus essentiel de tous ceux que la
Province peut desirer.

Que pleins d'attachement pour la Monarchie,
s'honorant du nom de François, disposés à tous
les sacrifices que peuvent exiger la gloire du
Monarque & celle de la Nation, les Dauphinois
doivent, par leurs Représentans dans les Etats-
généraux du Royaume, donner l'exemple du dévouement & de la fidélité; mais que les Etats-
généraux pouvant seuls proportionner les impôts
aux besoins réels, les répartir avec égalité entre
les Provinces, & prévenir les déprédations dans
les finances, l'octroi des subsides & l'établissement des emprunts pour l'utilité générale du
Royaume, doivent leur être exclusivement ré-
servés.

Il a été arrêté que les Etats de la Province
ne pourront excéder les pouvoirs qui vont leur
être confiés, ni rien changer, sans le consente-
ment formel d'une pareille Assemblée, à la constitution proposée par les Trois-Ordres, & au-
torisée par Sa Majesté.

Il a été arrêté que nul ne sera admis aux Etats
de la Province, que par le choix libre de ceux
qui ont le droit de s'y faire représenter; que
toutes les places y seront électives, nonobstant
les protestations de M. l'Evêque de Grenoble & de
M. le Marquis de Maubec.

Il a été de plus arrêté que les impôts directs ou indirects, les extensions & prorogations d'impôts, ainsi que les emprunts pour l'utilité générale, ne pourront être établis dans le Dauphiné, que lorsque les Représentans de la Province en auront délibéré dans les Etats - généraux du Royaume.

L'Assemblée délibérant ensuite de nouveau sur le plan proposé, a déclaré l'accepter dans tout son contenu; & en conséquence elle a arrêté, qu'il sera présenté à Sa Majesté, & qu'Elle sera suppliée de l'homologuer par des Lettres-Patentes adressées à la présente Assemblée.

Sous le bon plaisir du Roi, l'Assemblée a déclaré se proroger au premier novembre, dans la ville de Romans, & toutes les personnes présentes ont été invitées à s'y rendre, à cette époque, afin de pouvoir vérifier & enrégistrer les lettres-patentes, sauf à être ensuite publiées & enrégistrées dans les Cours & les autres Tribunaux de la Province, espérant que Sa Majesté voudra bien indiquer un autre jour, si le premier novembre ne lui paroît pas convenable.

Sa Majesté sera également suppliée d'assembler les Etats le quinze novembre prochain, & d'adresser à cet égard les ordres nécessaires au Gouverneur de la Province, & en son absence, au Lieutenant-général.

I 2

Suit la teneur du Plan pour la nouvelle formation
des États du Dauphiné, qu'ont l'honneur de pré-
senter à SA MAJESTÉ les Trois-Ordres de cette
Province.

ARTICLE PREMIER.

Nombre &
qualités de
ceux qui doi-
vent entrer
aux États.

Les États de Dauphiné feront formés par cent
quarante - quatre Repréfentans ou Députés des
Trois - Ordres de la Province : favoir, vingt-
quatre Membres du Clergé, quarante-huit de la
Nobleffe, & foixante-douze du Tiers-État.

ART. II.

Nul ne pourra être admis aux États, ni voter
pour la nomination des Repréfentans, qu'il ne
foit âgé de vingt-cinq ans accomplis, & domicilié
dans le Royaume, ou dans le Comtat d'Avignon
& Venaiffin.

ART. III.

Aucun Membre des États ne pourra s'y faire
repréfenter par Procureur.

ART. IV.

La repréfentation du Clergé fera formée par trois
Archevêques ou Evêques, trois Commandeurs
de Malthe, fept Députés des Eglifes Cathédrales;
favoir: un de celle de Vienne, un de celle d'Embrun,
un de celle de Grenoble, un de celle de Valence, un
de celle de Gap, un de celle de Die & un de

celle de Saint-Paul-Trois-Châteaux; cinq Députés des Eglises Collégiales; savoir : un de celle de Saint-Pierre & de Saint-Chef de Vienne, un de Saint André-de-Grenoble, un de Saint Barnard-de-Romans, un de celle de Crest & un de celle de Montelimar; deux Curés Propriétaires, deux Députés des Abbés, Prieurs - Commandataires, Prieurs simples, Chapelains & autres Bénéfiers; un Député des Ordres & Communautés régulières d'Hommes, y compris celle des Religieux Hospitaliers de Saint Jean-de-Dieu, à l'exception néanmoins des Religieux mendiants; un Député des Abbayes & Communautés régulières de filles, à l'exception des Communautés mendiantes, pris parmi le Clerge séculier ou régulier de chacune desdites Communautés.

A R T. V.

L'élection de ces Députés sera faite de la manière suivante : les Archevêques ou Evêques éliront entr'eux; les Commandeurs de Malthe seront nommés par leurs Chapitres; ceux des Eglises Cathédrales & Collégiales le seront également par leurs Chapitres; les Curés seront choisis alternativement dans chaque Diocèse, suivant l'ordre ci-après; savoir: Vienne & Embrun, Grenoble & Valence, Die & Gap, Saint Paul-Trois-Châteaux & Vienne, & ainsi successivement. L'élection desdits Curés se fera dans.

une Affemblée formée d'un Député de chaque Archiprêtré, & tenue devant les Evêques des Diocèfes en tour pour députer.

Art. VI.

Les Curés de la Province, dont les Bénéfices dépendent des Diocèfes étrangers, fe réuniront; favoir : ceux du Diocèfe de Lyon, au Diocèfe de Vienne ; ceux du Diocèfe de Belley, à celui de Grenoble ; ceux des Diocèfes de Sifteron & de Vaifon, à celui de Saint Paul Trois-Châteaux, & y enverront les Députés de leurs Archiprêtrés, pour concourir aux élections.

Art. VII.

Les deux Députés des Abbés & Prieurs-Commandataires, Prieurs fimples, Chapelains & autres Bénéficiers, feront auffi choifis alternativement dans chaque Diocèfe, fuivant l'ordre prefcrit par l'article V, & leur élection fe fera dans une Affemblée convoquée devant les Evêques des Diocèfes qui feront en tour de députer, à laquelle feront appellés les Abbés, Prieurs & autres Bénéficiers fimples, dont les bénéfices fitués dans la Province, feront dépendants des Diocèfes Etrangers, en fuivant l'ordre expliqué par l'article VI.

Art. VIII.

Le Député des Ordres & Communautés régulières d'Hommes fera pris alternativement dans

chaque Diocèse, en commençant par celui de
Vienne, & en observant que les Communautés
régulières des Diocèses d'Embrun & Gap, se
réuniront à celui de Grenoble, pour ne former
entr'elles qu'un seul Député; que celles des Diocèses de Die & Saint Paul-Trois-Châteaux se
réuniront à celui de Valence; leur élection sera
faite dans une Assemblée composée d'un Député
de chacune des Communautés régulières, à laquelle seront appellés, dans l'ordre expliqué ci-
dessus, un Député des Communautés régulières
des Diocèses étrangers, & qui sera tenue par-
devant l'Evêque du Diocèse de la Province, en
tour de députer.

A r t. I X.

Le Représentant des Communautés de Filles
sera élu alternativement dans chaque Diocèse,
suivant l'ordre expliqué par l'article V, & dans
une Assemblée formée par les Députés du Clergé
séculier ou régulier de chacune desdites Communautés, laquelle sera tenue devant l'Evêque
du Diocèse, en tour de députer.

A r t. X.

Les Etats s'occuperont, le plutôt possible, de
diviser la Province en arrondissemens ou districts,
& d'y répartir les Députés suivant les propor-
tions qu'ils jugeront convenables; mais pour la
première Convocation seulement, on suivra la

divifion des refforts des fix Elections, dans lef-
quelles les Députés feront repartis de la manière
ci-deffous indiquée, d'après les rapports com-
binés du nombre des feux, de celui des Habitans,
& de la fomme de leurs impofitions.

A r t. X I.

LA Nobleffe, pour l'Election de fes Membres,
s'affemblera par diftrict devant un Syndic qu'elle
nommera dans chacun de fes diftricts ; elle ré-
partira fes Députés fuivant les arrondiffemens
qui feront formés par les Etats, & fuivant la
proportion qui fera par eux indiquée en exécution de l'article ci-deffus ; & en attendant cette
formation, les Membres de cet Ordre s'affembleront dans les chefs-lieux des Elections, &
nommeront, par la voie du fcrutin, onze Députés pour le reffort de l'Election de Grenoble,
douze pour celle de Vienne, fept pour celle de
Romans, cinq pour celle de Valence, fix pour
celle de Gap, & fept pour celle de Montelimar.
Le Procès-Verbal de leur nomination fera envoyé au Secrétaire des Etats, & l'on y infcrira
le nom des quatre Perfonnes qui auront réuni
le plus de voix après les Députés, dans l'ordre
indiqué par la pluralité des fuffrages.

A r t. X I I.

POUR pouvoir être Electeur dans l'ordre de
la Nobleffe, il fuffira d'avoir la Nobleffe acquife

& transmissible, & de posséder une propriété
dans le district.

ART. XIII.

POUR être éligible dans le même ordre, il
faudra faire preuve de quatre générations fai-
sant cent ans de Noblesse, avoir la libre administration d'immeubles féodaux ou ruraux, situés
dans l'arrondissement & soumis à cinquante livres d'Impositions royales, foncières, sans qu'il
soit nécessaire d'y être domicilié.

ART. XIV.

AUCUN Noble ne pourra être Electeur ni Eligible en deux districts à la fois ; le Syndic de la
Noblesse de chaque district tiendra un rôle, dans
lequel se feront inscrire les Membres de cet
Ordre, qui pourront être Electeurs ou Eligibles, & cette inscription déterminera irrévocablement pour quatre ans le district dans lequel
ils pourront élire ou être élus, sans qu'il soit
permis, pendant cet intervalle, de se faire inscrire
dans un autre, à moins qu'on n'ait cessé d'être
propriétaire dans le premier.

ART. XV.

LES Maris, dont les Femmes auront des biens
soumis à cinquante livres d'impositions royales,
foncières, pourront être Electeurs & Eligibles,
il en sera de même des Veuves propriétaires,
qui pourront se faire représenter par un de leurs

enfans-majeurs, en vertu d'une procuration, au moyen de laquelle ils feront Electeurs & Eligibles ; les difpofitions de cet article auront également lieu pour le Tiers-Etat.

Art. XVI.

Les Eccléfiaftiques & les Nobles ne pourront être admis parmi les Repréfentans du Tiers, ni affifter aux Affemblées qui feront tenues pour nommer les Députés de cet Ordre.

Art. XVII.

Lors de la première nomination des Repréfentans du Tiers-Etat, le diftrict de l'Election de Grenoble fournira dix-fept Députés ; celui de Vienne, dix-huit ; celui de Romans, dix ; celui de Valence, fept ; celui de Gap, neuf, & celui de Montelimar, onze, dans lequel nombre feront compris les Députés des Villes ci-après nommées ; favoir : trois pour la ville de Grenoble ; deux pour chacune des villes de Vienne, Valence & Romans, & un pour chacune des villes de Gap, Embrun, Briançon, Montelimar, Saint-Marcellin, Die, Creft & le Buis, fauf aux Etats à régler définitivement quelles Villes doivent avoir des Députés particuliers, leur nombre & la répartition des Députés des autres Villes, Bourgs, & Communautés pour chaque diftrict.

ART. XVIII.

NUL ne pourra être Représentant de l'Ordre du Tiers, dars les Etats, qu'il n'ait la libre administration de propriétés situées dans l'arrondissement où il devra être élu, & soumises à cinquante livres d'Impositions royales, foncières, à l'exception du Briançonnois & de la vallée de Queyras, où il suffira de payer vingt-cinq livres d'impositions royales, foncières, sans préjudice néanmoins des dispositions portées par l'article XV.

ART. XIX.

NE pourront être élus ceux qui exercent quelque Emploi ou Commission médiate ou immédiate de Subdélégation des Commissaires départis, ainsi que leurs Commis & Secrétaires; ceux qui exercent quelque Charge, Emploi ou Commission médiate ou immédiate dans toutes les parties des Finances de S. M. ; ceux qui sont chargés directement ou indirectement d'aucune adjudication ou entreprise d'ouvrages publics, de même que leurs Cautions ; ne seront non plus éligibles les Fermiers pendant la durée de leurs Fermes ; les Agents, Collecteurs de Rentes, Dîmes, Droits & Devoirs seigneuriaux directement ou indirectement, ainsi que leurs Cautions.

ART. XX.

DANS l'Ordre du Tiers-Etat, nul ne pourra être Electeur ou Eligible en deux lieux à la fois; il sera fait tous les deux ans, par les Officiers-Municipaux de chaque lieu, un Rôle des Electeurs & des Eligibles; lorsqu'on y aura été inscrit on ne participera point aux Elections qui se feront dans d'autres Communautés; on ne pourra être inscrit dans le Rôle d'une autre Communauté qu'après le terme de quatre ans, à moins que pendant cet intervalle on n'ait cessé d'être propriétaire dans la première.

ART. XXI.

LES Villes qui auront des Députés particuliers, les enverront directement aux Etats; elles les nommeront par la voie du Scrutin dans leurs Assemblées-Municipales, auxquelles seront appellés un Syndic de chaque Corps du Tiers-Etat, & les Propriétaires domiciliés du même Ordre payant; savoir: dans la ville Grenoble, quarante livres d'Impositions royales, foncières; vingt-livres dans celles de Vienne, Valence & Romans; & dans les autres, dix livres.

ART. XXII.

Dans les autres lieux, même dans ceux qui sont régis par l'Edit municipal, les Communautés tiendront chacune des Assemblées particulières aux formes ordinaires; pourront néanmoins, celles qui n'ont point de Municipalités, tenir leurs Assemblées devant les Consuls, en l'absence des Châtelains. Ces Assemblées seront indiquées par affiches, huitaine à l'avance. Dans les Assemblées des Communautés qui ont des Corps municipaux, on convoquera les Propriétaires payant dix livres d'impositions royales, foncières, & dans les autres, tous les Propriétaires payant six livres : on convoquera également dans toutes ces Communautés les Propriétaires forains qui, payant les mêmes charges, auront été inscrits dans le Rôle des Electeurs.

Art. XXIII.

DANS lesdites Assemblées, les Communautés qui n'auront que cinq feux & au-dessous, nommeront chacune un Député, lequel se rendra au lieu destiné pour l'Assemblée de l'arrondissement ; celles qui auront un plus grand nombre de feux, nommeront un Député par cinq feux, sans égard aux nombres intermédiaires ; sauf aux Etats à régler le nombre des Députés des Communautés, suivant une proportion plus juste, s'ils peuvent y parvenir ; ces Députés ne pourront être choisis que parmi les Propriétaires domiciliés ou Forains qui auront été inscrits dans les Rôles des Eligibles, & qui auront les qualités prescrites pour être Elus aux Etats, sans qu'il soit nécessaire d'être présent à l'Assemblée pour être élu.

Art. XXIV.

Les Etats indiqueront les Chefs-lieux d'arrondissement ailleurs que dans les Villes qui ont des Députés particuliers ; & pour la première Convocation, les Députés de l'Election de Grenoble se réuniront à Vizille ; ceux de l'Election de Vienne, à Bourgoin ; ceux de l'Election de Valence à Chabeuil ; ceux de l'Election de Romans à Beaurepaire ; ceux de l'Election de Gap, à Chorges ; & ceux de l'Election de Montélimar, à Dieulefit.

Art. XXV.

Les Députés des Communautés rassemblés dans le Chef-lieu du district ou de l'arrondissement, éliront parmi eux & par la voie du scrutin, un Président & un Secrétaire, & ils nommeront également parmi eux, & par la même voie, ceux qui devront représenter le district aux Etats ; le Procès-Verbal de cette nomination sera envoyé au Secrétaire des Etats, & l'on y insérera le nom de six personnes qui auront réuni le plus de voix après les Députés élus, dans l'ordre indiqué par la pluralité des suffrages.

Art. XXVI.

Forme de la convocation, nomination des Officiers & de la Commission intermédiaire. Les Etats se rassembleront chaque année le quinze Novembre : la convocation sera faite par le Président ; & à son défaut, par l'un des Procureurs Généraux-Syndics.

Art. XXVII.

LES Députés des différens Ordres, sans aucune distinction, recevront six livres par jour, sans que ce paiement puisse continuer pendant plus de trente jours, y compris le temps nécessaire pour leur voyage, quand même la tenue des Etats seroit prorogée au-delà de ce terme.

Art. XXVIII.

LES Etats choisiront leur Président parmi les Membres du premier ou du second Ordre de la Province, ayant les qualités requises pour être admis aux Etats. Dans le cours de la quatrieme année, le Président sera élu au scrutin, pour entrer en fonction l'année suivante ; & celui des deux premiers Ordres, dans lequel le Président aura été nommé, aura un Député de moins, le Président devant être compté parmi les Membres des Etats.

Art. XXIX.

LES Etats nommeront deux Procureurs-Généraux Syndics, l'un pris dans le premier ou le second Ordre, & l'autre dans celui du Tiers. Ils choisiront dans le dernier Ordre un Secrétaire qui ne fera point partie des cent quarante-quatre Députés, sera révocable à volonté, & n'aura que voix instructive ; ils choisiront encore un Trésorier qui sera domicilié dans la Province, ainsi que ses cautions, il ne sera point Membre des Etats, & ne pourra y entrer que lorsqu'il sera appellé; il sera également révocable à volonté.

A R T. X X X

LES Etats éliront parmi leurs Membres, deux personnes du Clergé, quatre de la Noblesse & six du Tiers-Etat, y compris les deux Procureurs-Généraux, Syndics. Ces douze personnes, avec le Secrétaire, formeront la Commission inter-médiaire; les Membres de cette commission seront choisis, de manière qu'il s'y trouve des Députés de chaque district.

A R T. X X X I.

TOUTES les nominations seront faites par la voie du scrutin, & il sera repris jusqu'à ce que l'une des personnes désignées ait réuni plus de la la moitié des suffrages.

A R T. X X X I I.

POUR seconder les travaux de la Commission intermédiaire, les Etats pourront établir, dans les arrondissemens, de la manière qu'ils jugeront convenable, des Correspondans qui seront choisis parmi les personnes députées aux Etats.

A R T. X X X I I I.

LA Commission intermédiaire élira son Président par la voie du scrutin, dans l'un des deux premiers Ordres.

ART.

ART. XXXIV.

EN l'absence du Président, soit des Etats, soit de la Commission intermédiaire, l'Assemblée sera présidée par la personne la plus âgée de celui des deux premiers Ordres, dans lequel n'aura pas été choisi le Président, en observant néanmoins, dans l'ordre du Clergé, le rang de la hiérarchie ecclésiastique.

ART. XXXV.

LES Etats s'assembleront pour la première fois à Romans, & indiqueront, chaque année, à la clôture de leurs Séances, le lieu où ils devront s'assembler l'année suivante.

ART. XXXVI.

LA Commission intermédiaire tiendra ses Séances à Grenoble, sauf aux Etats à la placer dans un autre lieu lorsque les circonstances l'exigeront ; les Membres de cette Commission ne pourront s'absenter sans une nécessité indispensable, que pendant trois mois de l'année, de manière cependant qu'ils restent toujours au nombre de huit dans le lieu de son établissement, & les Procureurs-Généraux-Syndics ne pourront jamais s'absenter tous les deux à la fois.

ART. XXXVII.

LA Commission intermédiaire s'assemblera au moins une fois par semaine ; mais le Président,

K

ainsi que les Procureurs-Généraux - Syndics, &
les uns au défaut des autres, pourront la faire
assembler toutes les fois qu'ils le jugeront nécessaire.

ART. XXXVIII.

Les Membres de la Commission intermédiaire
ne pourront prendre aucune délibération qu'ils
ne soient au nombre de sept.

ART. XXXIX.

Les Membres des Etats resteront en place,
pour la première fois, pendant quatre ans, sans
aucun changement. Après ce terme, il sera élu
un nouveau Président, & la moitié des Députés,
dans chaque Ordre & dans chaque district, sortira
par la voie du sort. Deux ans après, l'autre
moitié se retirera, & ensuite tous les deux ans
la moitié sortira par ancienneté, de manière qu'à
l'avenir aucun des Représentans ne reste dans les
Etats plus de quatre ans, à l'exception des Procureurs - Généraux - Syndics qui pourront être
continués, par une nouvelle élection, pour
quatre années seulement, & ne pourront néanmoins être changés tous les deux en même-tems :
à cet effet, pour la première fois, l'un des deux
Procureurs-Généraux-Syndics se retirera par le
sort à l'expiration des quatre premières années,
& l'autre après six ans.

A R T. X L.

AU premier changement de la moitié des Membres des Etats, on fera fortir, par la voie du fort, un Archevêque ou Evêque, deux Commandeurs de Malthe, trois Députés des Eglifes Cathédrales, trois Députés des Eglifes Collégiales, un Curé, un Député des Abbés, Prieurs & autres Bénéficiers fimples, & un Syndic des Communautés régulières. Au fecond changement, fortiront deux Archevêques ou Evêques, un Commandeur de Malthe, quatre Députés des Eglifes Cathédrales, deux Députés des Eglifes Collégiales, un Curé, un Député des Abbés, Prieurs & Bénéficiers fimples, & un Syndic des Communautés régulières.

A R T. X L I.

NUL ne pourra être élu, de nouveau, Membre des Etats, qu'après un intervalle de quatre ans depuis qu'il en fera forti.

A R T. X L I I.

ON fera connoître à tems ceux des Membres des Etats qui, par le fort, auront été obligés de fe retirer, afin que les divers Corps du Clergé, la Noblefse & le Tiers-Etat, dans chaque diftrict, puifsent les remplacer ; il en fera ufé de même pour la Commifsion intermédiaire, qui fera renouvellée par les Etats, aux mêmes époques.

K 2

A R T. X L I I I.

LORSQU'IL vaquera des places dans les Etats, avant les époques où les Membres doivent être renouvellés par moitié, les différens Corps du Clergé procéderont à de nouvelles élections, suivant les formes prescrites ; & quant aux Députés de la Noblesse & du Tiers-Etat, ils seront alors remplacés dans les divers districts, par ceux qui, suivant le résultat du scrutin, auront, dans la nomination précédente, réuni le plus de suffrages après les personnes élues. Ceux qui seront admis à remplir les places ainsi vacantes, ne pourront rester dans les Etats que jusqu'au terme où auroient dû en sortir les Députés auxquels ils ont succédé, à moins qu'ils ne soient élus de nouveau dans les Assemblées du District.

A R T. X L I V.

LORQUE les places vaqueront, de la même manière, dans la Commission intermédiaire, elle pourra y nommer des Membres des Etats, pris dans le même Ordre & dans le même District ; & dans le cas où l'une des places des deux Procureurs-Généraux-Syndics viendroit également à vaquer, elle pourra en confier les fonctions à l'un de ses Membres, & ces différentes nominations n'auront lieu que jusqu'à la première convocation des Etats.

A R T. X L V.

. LES Etats veilleront au maintien des droits Pouvoir des Etats, & de & des privilèges du Dauphiné , & notam- la Commif- ment de celui qui ne permet pas que les Dau- fion intermé- diaire. phinois foient diftraits du reffort des Tribunaux de la Province ; ils feront la répartition de toutes les impofitions foncières & perfonnelles , tant de celles qui feront deftinées pour le Tréfor royal, que de celles qui feront relatives aux befoins de la Province ; ils ordonneront la confection de tous les chemins, ponts, chauffées , canaux, digues & autres ouvrages publics, dont ils pafferont les adjudications par eux, ou par la Commiffion intermédiaire , ou par d'autres Délégués.

A R T. X L V I.

LES Etats ordonneront encore la diftribution des dégrèvemens, les récompenfes, indemnités , encouragemens pour l'agriculture, le commerce & les arts ; ils furveilleront & approuveront, par eux ou par la Commiffion intermédiaire , toutes les dépenfes relatives aux réparations des Eglifes, Presbytères, & autres dépenfes quelconques, particulières aux Communautés ; ils furveilleront également l'adminiftration de tous les Etabliffemens publics, les frais & le tirage des Milices ; ils vérifieront les comptes des Officiers

K 3

des Villes & Communautés, même ceux relatifs
à leurs biens patrimoniaux ; ils feront à Sa
Majesté toutes les repréfentations qu'ils croi-
ront néceffaires, & généralement feront chargés
de tous les objets qui peuvent intéreffer le bien
de la Province.

A ʀ ᴛ. X L V I I.

Les Etats ne pourront accorder aucun fub-
fide, ni établir aucune taxe directe ou indirecte,
ni confentir à aucune prorogation d'un impôt
établi à tems, ni faire aucun emprunt pour le
compte du Gouvernement, que lorfque les Repréfentans de la Province en auront délibéré
dans les Etats-Généraux du Royaume.

A ʀ ᴛ. X L V I I I.

Les Etats pourront néanmoins impofer &
emprunter après en avoir obtenu la permiffion
de Sa Majefté, mais feulement pour les befoins
particuliers & effentiels de la Province, & fous
la condition qu'ils ne feront aucun emprunt qu'en
deftinant préalablement les fonds néceffaires pour
le paiement des intérêts & le rembourfement
des capitaux, à des époques fixes & déter-
minées.

A ʀ ᴛ. X L I X.

Toute loi nouvelle, avant fon enrégiftrement
dans les Cours, fera communiquée aux Procu-

reurs-Généraux Syndics, afin qu'il en foit délibéré, conformément aux privilèges de la Province.

ART. L.

Pour choifir les perfonnes qui feront députées
par la Province aux Etats-Généraux du Royaume, le Clergé, la Nobleffe & les Communes
s'affembleront pour nommer, dans les formes,
& avec les qualités ci-devant prefcrites, un
nombre de repréfentans, égal à celui des membres des Etats ; ces nouveaux repréfentans fe
réuniront avec les Etats pour élire, par la voie
du fcrutin, ceux qui feront envoyés aux Etats-
Généraux, lefquels pourront être choifis au gré
des Electeurs, foit parmi les membres des Etats,
foit parmi les autres Citoyens, pourvu que les
uns & les autres foient propriétaires & domiciliés dans la Province, fans diftinction de lieu
& de diftrict : on députera un nombre de repréfentans du Tiers-Etat, égal au nombre de
ceux du premier & du fecond Ordre réunis.

ART. LI.

Tous les ans avant leur clôture, les Etats re-
mettront à la commiffion intermédiaire une inf-
truction fur les objets dont elle devra s'occuper
& de l'exécution defquels elle rendra compte,
lors de leur prochaine convocation.

A R T. L I I.

La commiffion intermédiaire ne pourra prendre des délibérations que pour exécuter celles de la dernière affemblée des Etats, à l'exception des objets qu'il feroit impoffible de différer jufqu'à la première affemblée des Etats, & fous la réferve expreffe de leur approbation.

A R T. L I I I.

Dans les Etats & la Commiffion intermédiaire, il ne pourra être pris de délibération, que par les Trois-Ordres réunis; pourra néanmoins, l'un des Ordres, faire renvoyer jufqu'au jour fuivant une délibération propofée.

A R T. L I V.

La commiffion intermédiaire chargera fpécialement deux de fes Membres de l'examen de tous les mémoires qui pourroient être adreffés aux Procureurs-Généraux Syndics, relativement aux demandes des contrôleurs ou autres agens du fifc, contre des particuliers ou communautés. Sur le compte qui en fera rendu, les Procureurs-Généraux Syndics prendront fait & caufe, lorfque les Etats ou la Commiffion intermédiaire l'auront jugé convenable.

A R T. L V.

Les Procureurs-Généraux Syndics pourront préfenter des Requêtes, former des demandes devant tous Juges compétens, & intervenir dans toutes les affaires qui pourroient intéreffer la Province, après y avoir été autorifés par les Etats ou la Commiffion intermédiaire.

A r t. L V I.

Les Etats nommeront chaque année une commiffion particulière pour revoir les comptes que le Tréforier aura rendus à la commiffion intermédiaire, & pour examiner ceux qui ne l'auront pas été, & d'après le rapport des Commiffaires, ils arrêteront tous les comptes de l'année.

A r t. L V I I.

Le Tréforier ne pourra difpofer d'aucune fomme fans un mandat exprès des Etats, ou de ceux qui feront autorifés par eux.

A r t. L V I I I.

Le tableau de fituation des fonds du pays, par recette & par dépenfe, l'Etat motivé & nominatif de la répartition des dégrévemens, indemnités, encouragemens, gratifications, feront inférés dans les procès-verbaux des affemblées, & rendus publics chaque année, par la voie de l'impreffion, ainfi que toutes les délibérations qui auront été prifes, foit par les Etats, foit par la commiffion intermédiaire, & un exemplaire fera envoyé à chaque communauté pour être dépofé dans fes archives.

Art. LIX.

Les Etats fixeront le traitement du Préſident, des autres Officiers, des Membres de la commiſſion intermédiaire & des correſpondans; ils régleront les frais de bureaux & autres dépenſes néceſſaires; tous ces frais ſeront ſupportés par les Trois-Ordres.

Art. LX.

Les Etats auront le droit de faire tous les réglemens qu'ils jugeront néceſſaires, pourvu qu'ils n'aient rien de contraire aux articles ci-deſſus; mais ils ne pourront faire aucun changement à leur conſtitution, à l'exception de celui qui leur eſt réſervé par les articles X, XVII, XXIII & XXIV.

MM. de Champrouet, Chancel, Faure, Martinon, Guille, Fantin & Berthelot ont déclaré proteſter pour la conſervation des droits & privilèges particuliers du Briançonnois.

Comme il eſt néceſſaire que le Préſident des Etats ſoit nommé avant leur convocation, pour qu'il puiſſe aſſiſter, en cette qualité, à leur premiere ſéance, l'aſſemblée a arrêté que, ſous le bon plaiſir du Roi, il ſera procédé à une élection par le ſcrutin, afin de faire connoître à Sa Majeſté la perſonne en faveur de laquelle

se réuniront les vœux de l'assemblée ; elle espère de la justice du Monarque, qu'il voudra
bien agréer son choix, & confirmer, pour l'a-
venir, l'élection libre de toutes les places.

Ensuite il a été procédé par le scrutin, à cette
nomination, & les suffrages se sont réunis en
faveur de M. l'Archevêque de Vienne. Le
résultat du scrutin étant connu, l'assemblée a
témoigné sa satisfaction par des applaudissemens.

M. l'Archevêque de Vienne a dit : « Mes-
» sieurs, je ne perdrai point de tems à présen-
» ter des excuses & des protestations ; toutes
» les raisons que je puis avoir, doivent céder
» à un choix libre & honorable, auquel il m'est
» impossible de résister. Cependant, Messieurs,
» lorsque j'aurai donné des preuves de ma vive
» reconnoissance & de mon zèle, en rendant à
» la Province tous les services qui seront en
» mon pouvoir, je vous prierai de me décharger
» de ce fardeau, avant le terme prescrit pour la
» durée de la Présidence.

M. l'Evêque de Grenoble a témoigné, au nom
du Clergé, combien cet Ordre applaudit au choix
que vient de faire l'Assemblée.

Ensuite M. le Président a dit que l'Assemblée étant
satisfaite de la manière dont M. Mounier a rempli

les fonctions de Secrétaire, elle pourroit le nommer Secrétaire des Etats de la Province, pour leurs premières féances, & qu'elle a droit d'efpérer qu'ils auront égard à fon vœu & voudront bien confirmer cette nomination. L'affemblée a auffi-tôt nommé M. Mounier par acclamations.

Confidérant que des Municipalités bien conftituées, ayant pour bafe une véritable repréfentation des habitans des Villes & des Communautés, procureroient aux Etats les moyens de juftifier les efpérances que la Province a conçues de leur rétabliffement, l'Affemblée déclare les invirer à s'occuper inceffamment de cet important objet.

Pénétrée de reconnoiffance envers Sa Majefté, pour les nouvelles preuves de bonté & de juftice que la Province vient d'en recevoir, connoiffant fon amour pour fes peuples, voyant auprès du Trône des Miniftres dignes de fa confiance, puifqu'ils ont mérité celle de la Nation, l'Affemblée eft perfuadée que les maux dont la France eft affligée, vont bien-tôt s'évanouir ; & cependant, pour qu'on ne puiffe douter de fa perfévérance dans fes principes & dans les vœux qu'elle a déjà exprimés, elle fupplie de nouveau Sa Majefté de retirer les Edits enregiftrés militairement le dix mai dernier, de rappeller de leur exil les

Magiftrats du Parlement de Grenoble, & de réta-
blir les Cours & les autres Tribunaux de la
Province dans leurs anciennes fonctions.

M. le Préfident a indiqué la Séance prochaine
à demain, Dimanche, vingt-huit Septembre, à
quatre heures de relevée, & a figné,

† J. G. *Archev. de Vienne, Préfident.*

MOUNIER, *Secrétaire.*

---

*Du Dimanche, vingt-huit Septembre mil fept cent
quatre-vingt-huit, à quatre heures de relevée.*

M. l'Archevêque de Vienne eft entré au milieu
des applaudiffemens; l'Affemblée ayant pris
féance, le Secrétaire a fait lecture du Procès-
verbal de la Séance précédente.

M. le Préfident a dit qu'il a reçu une lettre
de M. le Comte de Brienne; cette lettre ayant
été lue, elle a été laiffée fur le bureau pour
être enrégiftrée.

Suit la teneur de ladite lettre.

Verfailles, le 22 Septembre 1788.

» J'ai reçu, Monfieur, avec la lettre que
» vous m'avez fait l'honneur de m'écrire, le

» quatorze de ce mois , celle que les 'Trois-
» Ordres de la Province ont jugé devoir écrire
» au Roi : j'ai fur le champ remis cette lettre
» à Sa Majefté. »

» J'ai l'honneur d'être, avec un refpectueux
» attachement, Monfieur, votre très-humble &
» très-obéiffant Serviteur. »

Signé , LE COMTE DE BRIENNE.

Enfuite M. le Préfident a dit qu'il étoit convenable de députer le Secrétaire à MM. les Commiffaires du Roi , pour les avertir qu'ils font
attendus par l'Affemblée.

Le Secrétaire étant revenu, & M. LE DUC
DE TONNERRE ayant fait prévenir l'Affemblée
par le Capitaine de fes Gardes , que MM. les
Commiffaires du Roi étoient à l'entrée de l'Eglife,
l'Affemblée a nommé pour les recevoir, *MM.*
l'Abbé de Saint - Albin, l'Abbé de la Salcette , le
Chevalier de Murinais , le Marquis de Loras , le
Comte de Marfanne , le Vicomte de Leyffin , de
Bertrand - de - Mont - Fort, Bartellemy - d'Orbanne ,
Chabroud , d'Ambefieu , Marchon & Blancard.

MM. les Commiffaires du Roi ont été reçus
trois pas hors de la porte de l'Eglife, par MM. les
Députés, & font entrés accompagnés par eux;

l'Affemblée s'eft levée, & MM. les Commiffaires du Roi l'ont faluée.

MM. les Commiffaires du Roi ayant pris leurs places & étant affis & couverts, ainfi que les membres de l'Affemblée,

M. le Duc de Clermont-Tonnerre a dit :

MESSIEURS,

» Les différens objets dont vous vous êtes
» occupés dans vos Affemblées & dans vos Séances
» particulières, intéreffent tous également le bon-
» heur de cette Province; s'ils ont excité quelques
» débats dans les opinions, c'eft qu'ils étoient
» inévitables pour combiner les intérêts réci-
» proques des différens Ordres, & balancer leur
» influence fur l'avantage commun de tous les
» individus. Le bien public, ce feul but que
» doivent s'efforcer d'atteindre toutes les admi-
» niftrations, a été également celui de vos déli-
» bérations, & c'eft lui qui a toujours dirigé
» le Prélat refpectable qui vous a préfidé; fon
» expérience dans les affaires, fes vertus, fa
» douceur & fa conciliation ont réuni tous vos
» fuffrages. »

» Que ne promet pas un début auffi fatisfai-
» fant, & qu'il eft heureux pour nous, dans

» le compte que nous avons à rendre de votre
» Affemblée, de ne pouvoir exprimer que les
» témoignages de votre zèle pour l'objet im-
» portant que le Roi vous a confié, & ceux de
» votre amour & de votre reconnoiffance pour
» Sa Majefté ».

M. l'Archevêque de Vienne a repondu au
nom de l'Affemblée, en ces termes:

MONSIEUR,

» LES longs difcours ne font pas néceffaires
» lorfque les fentimens qu'ils exprimeroient
» font déjà préjugés par la notoriété. Il n'eft
» aucun de nous qui n'ait avoué que le Roi ne
» pouvoit choifir de meilleurs Commiffaires au-
» près de cette Affemblée, que l'héritier & le
» chef d'un nom illuftre dans toute la France,
» mais particulièrement chéri & refpecté dans
» le Dauphiné qui fe fait gloire d'être le ber-
» ceau de la Maifon de Clermont ; qu'un Géné-
» ral, à qui fes talens & fes fervices Militaires
» ont acquis une fi jufte réputation ; qu'un Ma-
» giftrat dont l'intelligence dans les affaires,
» égale le zèle pour le bien public. L'Affemblée
» me charge, Meffieurs, de fes plus vives & de
» fes plus fincères actions de graces pour les
» fervices que vous lui avez rendus avant qu'elle
fe

» se formât & depuis le commencement de ses
» Séances ».

M. l'Abbé de la Salcette a dit ensuite :

MESSIEURS,

» L'Ordre du Clergé me charge de vous té-
» moigner sa reconnoissance pour les services
» que vous avez rendus au Dauphiné, dans les
» fonctions qui vous ont été confiées : cet Ordre
» est persuadé que vous seconderez de tout votre
» pouvoir le zèle dont il sera toujours animé
» pour le bien de la Province ».

M. le Comte de Morges, Président de la Noblesse, a dit :

MESSIEURS,

» La Noblesse & le Tiers-Etat de cette Pro-
» vince me chargent de vous donner un témoi-
» gnage public de la reconnoissance qu'ils doi-
» vent aux soins & au zèle avec lequel vous
» avez bien voulu concourir au vœu général
» de la Province, & à tout ce qui a pu lui
» être avantageux dans cette circonstance. Nous
» tenons des bontés du Roi un grand bienfait,
» & nous devons multiplier tous les moyens
» de lui faire connoître notre vive sensibilité :

L

» nous vous prions donc, Messieurs, de mettre
» aux pieds de Sa Majesté les sentimens de re-
» connoissance, de fidélité, d'amour & de res-
» pect de la Noblesse & des Communes du Dau-
» phiné ».

MM. les Commissaires du Roi se sont levés
pour se retirer, ont salué l'Assemblée, dont les
Membres se sont levés & découverts ; ils ont
été accompagnés par les mêmes Députés ; pendant leur marche, les Membres de l'Assemblée
ont témoigné leur satisfaction par des applaudissemens, & leur amour pour Sa Majesté, par
des cris redoublés de *Vive le Roi.*

Il a été résolu qu'un extrait du présent Procès-
Verbal sera remis à MM. les Commissaires du
Roi ; qu'il en sera adressé un à leurs Altesses
Royales Monsieur, frere du Roi, & Monsei-
gneur le Comte d'Artois ; à Son Altesse Séré-
nissime Monseigneur le Duc d'Orléans, Gou-
verneur de la Province ; à M. le Garde-des-
Sceaux ; à M. le Comte de Brienne, Ministre,
ayant le Dauphiné dans son Département, & à
M. Necker, Ministre des Finances.

Les Membres de l'Assemblée ont signé, sous
la réserve des rangs & préséances des Personnes
& des Villes, Bourgs & Communautés de la

Province, & fans préjudice de leurs droits à cet égard; M. l'Evêque de Grenoble & M. le Marquis de Maubec ont figné, fous la réferve de leurs précédentes proteftations.

MM. les Commiffaires du Roi & M. le Préfident ont figné.

Le Duc DE TONNERRE,
Le Cte DE NARBONNE-FRITZLAR, } *Commiffaires*
Caze DE LA BOVE, } *du Roi.*

† *J. G. Archev. de Vienne, Préfident.*

MOUNIER, *Secrétaire.*

BIBLIOTHEQUE NATIONALE DE FRANCE

3 7531 04426207 0

www.ingramcontent.com/pod-product-compliance
Lightning Source LLC
Chambersburg PA
CBHW060800110426
42739CB00032BA/2120